Wilhelm Busch

Männer der Bibel – unsere Zeitgenossen

Band 1

Gideon – Markus – Noah

Schriftenmissions-Verlag Gladbeck

Bücher, die dieses Zeichen tragen, wollen die Botschaft von Jesus Christus in unserer Zeit glaubhaft bezeugen.

Das ABCteam-Programm umfaßt:

— ABCteam-Taschenbücher
— ABCteam-Paperbacks mit den Sonderreihen:
  Glauben und Denken (G + D) und Werkbücher (W)
— ABCteam-Jugendbücher (J)
— ABCteam-Geschenkbände

ABCteam-Bücher erscheinen in folgenden Verlagen:

Aussaat Verlag Wuppertal / R. Brockhaus Verlag Wuppertal
Brunnen Verlag Gießen / Bundes Verlag Witten
Christliches Verlagshaus Stuttgart / Oncken Verlag Wuppertal
Schriftenmissions-Verlag Gladbeck

ABCteam-Bücher kann jede Buchhandlung besorgen.

2. Auflage 1978

© 1974 im Schriftenmissions-Verlag, Gladbeck
Umschlaggrafik: Gerd Meussen, Essen
Druck: Krämer & Banker, Gelsenkirchen-Buer

ISBN 3 7958 0277 6

INHALTSVERZEICHNIS

Warum dies Buch geschrieben wurde

Dreißig Jahre lang war ich Jugendpfarrer in Essen. Da hatte ich jeden Sonntag Hunderte von jungen Burschen im Alter von 14—20 Jahren vor mir, denen ich eine biblische Geschichte erzählen mußte. Das war keine leichte Aufgabe. Denn viele kamen aus Familien, die dem Christentum ganz entfremdet waren. Und außerdem ist dies junge Volk durch Filme, Fernsehen und andre Sensationen verwöhnt und nur schwer zum Zuhören zu bringen.

Da habe ich gern biblische Lebensbilder vorgenommen. Und es war mir immer verwunderlich, wie aufmerksam diese jungen Menschen zuhörten. Es ging uns über dem Erzählen auf, daß diese Menschen der Bibel gar nicht sehr verschieden sind von dem so viel besprochenen „modernen Menschen".

„Mein großer Landsmann Goethe" — wie ich zur Freude der Jungen gern zu sagen pflegte, denn ich bin wie Goethe in Frankfurt am Main aufgewachsen — hat schon recht, wenn er einmal sagte: „Die Menschheit schreitet immer weiter fort, aber der Mensch bleibt immer derselbe."

Ich habe dann solche Lebensbilder auch in der Erwachsenen-Bibelstunde, die von etwa 400 Leuten besucht war, besprochen. Die Zuhörer waren Kaufleute, Menschen aus der Industrie, Rechtsanwälte und Hausfrauen, Berufstätige und Arbeiter, kurz, allerlei Leute aus einer Großstadt. Auch sie erlebten es, daß die Menschen der Bibel uns im Grunde sehr nahestehen. Daher der Titel: „Männer der Bibel — unsere Zeitgenossen."

Als Gideon, Markus und Noah zuerst als Einzelbändchen erschienen, haben sie bald viele Leser gefunden. Sie haben manche Auflage erlebt.

Ich bin dem Verlag dankbar, daß er sie nun in der Form eines Sammelbandes herausbringt.

An wen ist dies Büchlein gerichtet?

Zunächst an Menschen, die anfangen wollen, die Bibel zu lesen. Diese Lebensbilder sollen ein Einstiegschacht sein in die Bibel.

Ferner denke ich an reife Bibelleser, die nicht dazu kommen, dicke Kommentare zu lesen. Die werden vielleicht dankbar sein, wenn sie hier auf leicht übersehene Seitenwege der Bibel geführt werden, auf denen wir herrliche Entdeckungen machen können.

Weiter denke ich an Leute, die in Jugendkreisen oder Gemeinschaften Bibelstunden halten sollen und dankbar sind für Material dafür.

Nun noch ein Wort zu den beiden alttestamentlichen Lebensbildern, die im Licht des Neuen Testaments gesehen sind. Ich habe mir oft die Frage vorgelegt: „Wie sahen die Stunden der ersten Christen aus?" Sie hatten doch das Neue Testament noch nicht. Sie lasen das Alte Testament und fanden überall Jesus. Sie hielten es mit dem Wort Jesu: „Suchet in der Schrift (des Alten Testaments) ... sie ist's, die von mir zeugt." So suchten und fanden sie im Alten Testament den Herrn Jesus.

Mir scheint es eine wichtige Aufgabe zu sein, so in das Alte Testament einzuführen. Denn wie wenig Christen finden sich in diesem Buch zurecht.

Nun möge unser Herr den Weg dieses Bändchens segnen an manchen Herzen und Gewissen.

Essen, im Winter 1964   Wilhelm Busch

Gideon

1. DIE ZEIT, IN DER GIDEON LEBTE

Richter 6, 1–10. [1]*Und da die Kinder Israel übel taten vor dem Herrn, gab sie der Herr unter die Hand der Midianiter sieben Jahre.* [2]*Und da der Midianiter Hand zu stark ward über Israel, machten die Kinder Israel für sich Klüfte in den Gebirgen und Höhlen und Festungen.* [3]*Und wenn Israel etwas säte, so kamen die Midianiter und Amalekiter und die aus dem Morgenlande herauf über sie* [4]*und lagerten sich wider sie und verderbten das Gewächs auf dem Lande bis hinan gen Gaza und ließen nichts übrig von Nahrung in Israel, weder Schafe noch Ochsen noch Esel.* [5]*Denn sie kamen mit ihrem Vieh und Hütten wie eine große Menge Heuschrecken, daß weder sie noch ihre Kamele zu zählen waren, und fielen ins Land, daß sie es verderbten.* [6]*Also ward Israel sehr gering vor den Midianitern. Da schrien die Kinder Israel zu dem Herrn.* [7]*Als sie aber zu dem Herrn schrien um der Midianiter willen,* [8]*sandte der Herr einen Propheten zu ihnen, der sprach zu ihnen: So spricht der Herr, der Gott Israels: Ich habe euch aus Ägypten geführt und aus dem Diensthause gebracht;* [9]*und habe euch errettet von der Ägypter Hand und von der Hand aller, die euch drängten, und habe sie vor euch her ausgestoßen und ihr Land euch gegeben* [10]*und sprach zu euch: Ich bin der Herr, euer Gott; fürchtet nicht der Amoriter Götter, in deren Lande ihr wohnet. Und ihr habt meiner Stimme nicht gehorcht.*

Gott erwählt sich ein Volk

„Sie taten übel." Es war böse Zeit: Ungerechtigkeit, Gewalt, Götzendienst, Lüge, Unkeuschheit und Zügellosigkeit verdarben das Leben des Volkes. „Sie taten übel v o r   d e m   H e r r n." Hier müssen wir uns zunächst einmal deutlich machen, daß Israels Lage eine andere war als die aller andern Völker. Wir verstehen das ganze Alte Testament nicht, wenn wir nicht begreifen, daß Gott sich aus der gefallenen Welt ein Eigentumsvolk erwählen will. Darum hat Er zunächst einen Bund geschlossen mit Israel. An diesem Volk hat Er sich wunderbar und herrlich gezeigt. Aber Israel hat den Bund nicht gehalten. Trotz aller Rufe und Warnungen Gottes durch die Propheten, ja schließlich durch den Sohn Gottes selbst, hat Israel den Bund mit Gott mit Füßen getreten. Doch von Gottes Seite bleibt der Bund bestehen. Das wird Israel noch erfahren nach allen schweren Wegen.

Inzwischen aber hat Gott sich in Jesus Christus ein neues Eigentumsvolk erwählt: Das ist die Gemeinde Jesu Christi.

Diese Gemeinde liest das Alte Testament mit besonderen Augen. Sie sieht im alttestamentlichen Gottesvolk das Abbild ihrer Erwählung. Sie weiß: Was hier geschrieben ist, ist uns zur Lehre und zur Warnung geschrieben. So wie Gott mit Israel handelte, so handelt Er mit Seiner Gemeinde.

Sünde und ihr Lohn

In diesem Licht lesen wir die Gideongeschichte. Wenn es nun hier heißt: *„Israel tat übel"*, dann ist das Furchtbare eben dies, daß sie übel taten *„vor dem Herrn"*. Die Sünde des Volkes Gottes wiegt schwerer und wiegt furchtbarer als das Sündigen der Welt. Denn es ist ein Sündigen ins Angesicht Gottes hinein. Gottes Volk kennt ja den Herrn und Seinen heiligen Willen. So ist alles Sündigen in der Gemeinde des Herrn ein böses Trotzen wider Ihn.

„Was der Mensch säet, das wird er ernten." Darum g a b d e r H e r r s i e h i n (V. 1). In China galt es früher als ein großes Unglück, wenn ein Mädchen geboren wurde. Da kam es oft vor, daß ein Vater sein neugeborenes Kind so haßte, daß er es im Walde oder an einem Flußufer aussetzte. Er tötete es nicht. Er zog nur die Hand von ihm ab. Das war für das Kind das sichere Verderben. Nun taten der Hunger und die wilden Tiere das ihrige.

So handelt Gott schließlich auch, wenn man Seine Gnade mit Füßen tritt. Gewiß, das Bild hinkt. Denn Gott ist nicht ein harter Vater. Und wenn Er so handelt, bricht Ihm das Herz darüber. Aber das ist eben das Gericht Gottes, das furchtbarste Gericht über die, die Seine Gnade geringachten, daß Er die Hand von ihnen abzieht. Nun ist man all den andern Mächten der Welt ausgeliefert. Nun ist man in Wahrheit „gottverlassen". Die Welt und der Teufel besorgen den Rest. „Gott gab sie hin", das heißt: Gott überließ das alttestamentliche Gottesvolk sich selbst und seinen Feinden.

Unstet und flüchtig sind sie nun geworden. „Die Gottlosen haben keinen Frieden" (Jes. 48, 22). *„In Klüften in den Gebirgen, in Höhlen und Festungen"* müssen sie sich bergen. Ihr Gejagtwerden und ihre Ruhelosigkeit sind ein Spiegelbild ihres inneren Unfriedens und ihrer inneren Ruhelosigkeit.

„... und ließen nichts übrig." Statt dem lebendigen Gott zu dienen, hat Israel sich von den Midianitern und den andern Nachbarvölkern, kurz, von der Welt, die Gott nicht kennt, in die Lehre nehmen lassen. Aus diesem freiwilligen Hinneigen zu dem Geist der heidnischen Völker wurde schließlich eine schreckliche Knechtschaft.

Ich hörte von einer jungen russischen Atheistin, die eifrig im „Bund der Gottlosen" mitkämpfte. Als sie die Öde und Trostlosigkeit ihres Lebens erkannte, versuchte sie, sich das Leben zu nehmen. Die schwache Frauenhand aber zitterte, der Schuß ging fehl, und sie schoß sich beide Augen aus. Im Krankenhaus kam die Blinde mit einem jungen Mädchen zusammen aus der Bewegung der Evangeliums-Christen. Dieses junge Mädchen wies der Elenden den Weg zu Jesus und zum Frieden mit Gott. Sie wurde eine eifrige Zeugin. Ein Augenzeuge berichtet: „Es war erschütternd, als sie ihre schwarze Brille abnahm, auf ihre verwüsteten Augenhöhlen zeigte und mit großem Ernst sagte: ,So lohnt der Teufel seine Leute'!"

Ja, so lohnt der Teufel seine Leute. Wie schrecklich mußte das erst Israel empfinden, in dem man doch etwas wußte von den Wohltaten, die Gott für die Seinen bereithält. Unter diesem Elend wachte die Erinnerung daran auf. *„Da schrien die Kinder Israel zu dem Herrn."* Das ist noch keine rechte Buße, wo man nur über die Folgen der Sünde traurig ist. Erst da ist rechte Buße, wo man in seiner Sünde selbst die Wurzel des Übels erkennt. Und weil unser Gott ein Gott der Wahrheit ist, läßt Er es nicht einfach gut sein. Er sendet Sein Wort, das unsern Ungehorsam aufdeckt. So kam zu Israel ein Prophet Gottes (V. 8). Was er zu sagen hat, muß die Gemeinde des Herrn sich immer wieder sagen lassen: Gott ist treu; wir aber sind untreu. Gott hat uns geliebt; wir aber haben Ihn nicht geliebt. Gott hat uns geholfen und wollte uns auch weiterhin helfen. Wir aber wollten uns selbst helfen.

2. GÖTTLICHE BERUFUNG

Richter 6, 11—16. [11]Und der Engel kam und setzte sich unter eine Eiche zu Ophra, die war des Joas, des Abiesriters, und sein Sohn Gideon drosch Weizen in der Kelter, daß er ihn bärge vor den Midianitern. [12]Da erschien ihm der Engel des Herrn und sprach zu ihm: Der Herr mit dir, du streitbarer Held! [13]Gideon aber sprach zu ihm: Mein Herr, ist der Herr mit uns, warum ist uns denn solches alles widerfahren? Und wo sind alle seine Wunder, die uns unsre Väter erzählten und sprachen: Der Herr hat uns aus Ägypten geführt? Nun aber hat uns der Herr verlassen und unter der Midianiter Hände gegeben. [14]Der Herr aber wandte sich zu ihm und sprach: Gehe hin in dieser deiner Kraft, du sollst Israel erlösen aus der Midianiter Händen. Siehe, ich habe dich gesandt. [15]Er aber sprach zu ihm: Mein Herr, womit soll ich Israel erlösen? Siehe, meine Freundschaft ist die geringste in Manasse, und ich bin der Kleinste in meines Vaters Hause. [16]Der Herr aber sprach zu ihm: Ich will mit dir sein, daß du die Midianiter schlagen sollst wie einen einzelnen Mann.

Warum beruft Gott?

Die ganze Furchtbarkeit der Lage Israels wird deutlich in Vers 11c: „. . . daß er ihn bärge vor den Midianitern." Gott will Seinem Volke helfen. Es wäre Ihm gewiß ein Geringes, selber einzugreifen. Aber Er will Seine Wunder durch Menschenkinder tun, die Er zu Seinen Werkzeugen beruft. Gott beruft uns also, damit an uns S e i n e Kraft offenbar werde, damit S e i n Werk durch uns getan werde, „auf daß wir etwas seien zum L o b s e i n e r Herrlichkeit" (Eph. 1, 12).

Wie beruft Gott?

In Vers 12 wird erzählt, daß Gideon durch den *Engel des Herrn* berufen wird. Über den Engel des Herrn ist später noch einiges zu sagen.

Der Herr hat mancherlei Mittel und Wege, Menschen zu berufen. Die Hirten (Luk. 2, 10), Maria (Luk. 1, 28) und die Zeugen der Auferstehung (Luk. 24, 4 ff) wurden durch Engel Gottes berufen. Die Weisen aus dem Morgenland rief Gott durch den Stern (Matth. 2), Josef, den Mann Marias, durch einen Traum (Matth. 1, 20). Einen Mose (2. Mose 3) und Paulus (Apostelgesch. 9) berief der Herr selbst ohne jede Vermittlung. Der Prophet Elisa wurde durch den Mann Gottes Elia gerufen. Das ist ein Weg, den Gott häufig geht, daß Menschen durch andere Knechte Gottes in den Dienst des Herrn gerufen werden. So wurde Calvin ganz gegen seinen Willen durch Farel in die Arbeit in Genf gerufen.

Wichtig ist bei jeder Berufung, daß sie dem Worte Gottes gemäß ist und am Worte Gottes sich ausweist. Entscheidend ist bei allen Berufungen, daß ein Berufener die Gewißheit bekommt: D e r H e r r hat mich berufen.

Wen beruft Gott?

Arme und Geringe! In Vers 15 hören wir, daß Gideon ein Mann ohne jeden Einfluß war. Seine Sippe war wenig angesehen in Manasse. Außerdem war er der Jüngste in seines Vaters Haus. In einem Volk, in dem das Erstgeburtsrecht galt, war der Jüngste wirklich „der Kleinste", das heißt: der Geringste. Aber gerade diesen Mann will Gott gebrauchen.

Wir finden hier dasselbe, was der Apostel Paulus in 1. Korinther 1, 26 bis 29, sagt:

> „Sehet an, liebe Brüder, eure Berufung: nicht viel Weise nach dem Fleisch, nicht viel Gewaltige, nicht viel Edle sind berufen. Sondern was töricht ist vor der Welt, das hat Gott erwählt, daß er die Weisen zuschanden mache; und was schwach ist vor der Welt, das hat Gott erwählt, daß er zuschanden mache, was stark ist; und das Unedle vor der Welt und das Verachtete hat Gott erwählt, und das da nichts ist, daß er zunichte mache, was etwas ist, auf daß sich vor ihm kein Fleisch rühme."

> *„Das war ja stets dein Wesen von alten Tagen her,*
> *Daß du dir hast erlesen, was arm, gebeugt und leer,*
> *Daß mit zerbrochnen Stäben du deine Wunder tatst*
> *Und mit geknickten Reben die Feinde untertrat'st."*

In der klaren Erkenntnis seiner eigenen Ohnmacht sträubt sich Gideon gegen seine Berufung. Das ist so unsere Art, daß wir auf unser eigenes Unvermögen sehen anstatt auf den Herrn, der uns beruft zu Seinem Dienst. So war es bei Mose (2. Mose 4, 10), der zum Herrn sprach:

> „Ach, mein Herr, ich bin je und je nicht wohl beredt gewesen; denn ich habe eine schwere Sprache und eine schwere Zunge."

So war es auch bei Jeremia (Jeremia 1, 6), der zum Herrn sprach:

> „Ach, Herr Herr, ich tauge nicht zu predigen; denn ich bin zu jung."

Der Herr aber läßt diesen Einwand nicht gelten. Es ist Seine Art, daß Er mit den schwächsten und denkbar ungeeignetsten Werkzeugen die größten Wirkungen schafft.

Wo beruft Gott?

Der Herr beruft da, wo man sich nach Seinem Heil sehnt. In Vers 13 wird offenbar, wie stark Gideon in der Heilsgeschichte des alttestamentlichen Volkes Gottes zu Hause war. Bei allem Verfall wußte er doch um die Bedeutung des Volkes Gottes. Und er sehnte sich nach Beweisungen der Kraft Gottes.

So war es auch bei Paulus. Trotz aller Feindschaft gegen Jesus lebte in ihm die starke Sehnsucht, das auserwählte Volk Gottes herrlich zu sehen. All sein Toben war letztlich ein Verlangen, Gott den Weg zu bereiten.

Wo man mit Ernst bittet:

> *„Rausche unter uns, du Geist des Lebens,*
> *Daß wir alle auferstehn;*
> *Laß uns nicht geweissagt sein vergebens,*
> *Deine Wunder laß uns sehn!"*

da hebt Gott an, zu wirken und zu berufen.

Wozu beruft Gott?

Gideon soll dem Volke Gottes aufhelfen (V. 14). Er soll an seinem Teil das Reich Gottes auf Erden bauen.

Wie soll das nun zugehen, daß ein armer sündiger Mensch ein Mitarbeiter Gottes wird? Darüber gibt uns Vers 14 klares Licht.

Es ist, als wenn der Engel des Herrn den Gideon versuchen wollte, als er spricht: *„Gehe hin in dieser deiner Kraft, du sollst Israel erlösen."*

„In deiner Kraft", sagt der Engel des Herrn. Das war doch sehr schmeichelhaft für Gideon. Wir könnten uns wohl denken, daß Gideon sich in die Brust geworfen und gedacht hätte: „Endlich werde ich in meiner Bedeutung erkannt. Das hätten meine Brüder und mein Vater hören sollen!"

Aber so denkt Gideon nicht. Er besteht die Probe. Er weiß, mit schwacher Menschenkraft kann dem Volke Gottes nicht aufgeholfen

werden. Darum sagt er: „*Mein Herr, womit soll ich Israel erlösen?*"
Es ist, als kenne Gideon das Wort des Herrn Jesus aus Johannes 15,5: „Ohne mich könnt ihr nichts tun." Darum wird ihm nun in Vers 16 die Verheißung: „*Ich will mit dir sein.*"

Wo der Herr die Fahne hält, wo der Herr die Schlacht schlägt, da darf die Gemeinde Jesu getrost den Krieg gegen den altbösen Feind beginnen. Sie wird den Sieg behalten. „Der Herr wird für euch streiten, und ihr werdet still sein" (2. Mose 14, 14).

Bei diesem Abschnitt unseres Textes gehen unsere Gedanken unwillkürlich weiter zu dem Gideon, den der Herr Seiner Gemeinde gegeben hat, der in Wahrheit die Gemeinde sammelt, zum Streit führt und den Sieg behält. Das ist Jesus Christus, der Sohn des lebendigen Gottes. Zu Ihm hat der Vater gesagt:

„Gehe hin, du sollst mein Volk erlösen. Siehe, ich habe dich gesandt."

Und im Blick auf Ihn jauchzt Gottes Volk (Luk. 1, 68, 71 bis 74):

„Gelobet sei der Herr, der Gott Israels! Denn er hat besucht und erlöst sein Volk..., daß er uns errettete von unsern Feinden und von der Hand aller, die uns hassen, und Barmherzigkeit erzeigte unsern Vätern und gedächte an seinen heiligen Bund und an den Eid, den er geschworen hat unserm Vater Abraham, uns zu geben, daß wir, erlöst aus der Hand unsrer Feinde, ihm dienten ohne Furcht unser Leben lang."

3. EINE HEILIGE STUNDE

Richter 6,17—24. [17] *Er aber sprach zu ihm: Habe ich Gnade vor dir gefunden, so mache mir doch ein Zeichen, daß du es seist, der mit mir redet;* [18] *weiche nicht, bis ich zu dir komme und bringe mein Speisopfer und es vor dir hinlege. Er sprach: Ich will bleiben, bis daß du wiederkommst.* [19] *Und Gideon kam und richtete zu ein Ziegenböcklein und ein Epha ungesäuerten Mehls und legte das Fleisch in einen Korb und tat die Brühe in einen Topf und brachte es zu ihm heraus unter die Eiche und trat herzu.* [20] *Aber der Engel Gottes sprach zu ihm: Nimm das Fleisch und das Ungesäuerte und lege es hin auf den Fels, der hier ist, und gieße die Brühe aus. Und er tat also.* [21] *Da reckte der Engel des Herrn den Stecken aus, den er in der Hand hatte, und rührte mit der Spitze das Fleisch und das Ungesäuerte an. Und das Feuer fuhr aus dem Fels und verzehrte das Fleisch und das Ungesäuerte. Und der Engel des Herrn verschwand aus seinen Augen.* [22] *Da nun Gideon sah, daß es der Engel des Herrn war, sprach er: Ach Herr, Herr! Habe ich also den Engel des Herrn von Angesicht gesehen?* [23] *Aber der Herr sprach zu ihm: Friede sei mit dir! Fürchte dich nicht; du wirst nicht sterben.* [24] *Da baute*

13

Gideon daselbst dem Herrn einen Altar und hieß ihn: Der Herr ist der Friede. Der steht noch bis auf den heutigen Tag in Ophra, der Stadt der Abiesriter.

Da wird Christus offenbar

Dieser Abschnitt ist außerordentlich wichtig, denn er läßt uns erkennen, daß auch im Alten Bunde Gott sich schon durch Christus offenbart hat. Wir hören hier nämlich, daß Gideon den E n g e l d e s H e r r n a n b e t e t. Das führt uns darauf, daß wir erkennen, w e r der Engel des Herrn ist.

Die Engel gehören zum Hofstaat Gottes. Sie sind „Helden, die seine Befehle ausrichten", sie sind Fürsten und Streiter in Gottes Heer. Und Gott sendet sie aus zum Dienst an denen, die die Seligkeit ererben sollen (Hebr. 1, 14).

Obwohl die Engel eine große Macht und Herrlichkeit haben, verbietet Gottes Wort, sie anzubeten. So schreibt der Apostel Johannes in Offenbarung 22, 8 f:

> „Und da ich's gehört und gesehen hatte, fiel ich nieder, anzubeten zu den Füßen des Engels, der mir solches zeigte. Und er spricht zu mir: Siehe zu, tue es nicht! Denn ich bin dein Mitknecht und deiner Brüder."

Der Engel des Herrn spricht nicht so zu Gideon. Er läßt sich die Anbetung und das Opfer wohlgefallen. Das Opfer aber steht nur Gott zu. So wird hier deutlich, daß Gott selbst in dem Engel des Herrn sich dem Gideon offenbart hat. Wir haben hier Christus im Alten Testament. Indem Gideon dem Christus begegnet, erlebt er eine heilige Stunde, die sein ganzes Leben bestimmte. Auch in unsern Tagen werden solche „heiligen Stunden" erlebt.

Da gibt es ein Ringen um die letzte Gewißheit

Vers 17. Eine solche Begegnung ist so groß, daß das Herz durch alles hindurch zu einer völligen Gewißheit der Gegenwart und vor allem der Gnade des Herrn kommen muß (vgl. 1. Mose 32, 22—27).

Da wird geopfert

Der Mann des Alten Bundes richtet das Speisopfer (V. 18 u. 19). Das Speisopfer stand neben dem Versöhnungsopfer. Das Versöhnungsopfer, durch das der Sünder mit Gott versöhnt wird, brachte der Priester im Heiligtum dar. Es ist endgültig abgelöst worden für die neutestamentliche Gemeinde durch das Opfer Jesu Christi auf Golgatha (Hebr. 9, 13—14; 10, 1—18). Eben weil das Speisopfer neben dem Versöhnungopfer stand, war es Ausdruck dafür, daß der versöhnte Mensch dem Herrn dankt und Ihm dient. Auch die neutestamentliche Gemeinde bringt das Speisopfer. Aber nicht mehr wie der Mann des Alten Bundes, der ein **Ziegenböcklein und ein Epha ungesäuerten Mehls** (V. 19) opferte. Die Gemeinde Jesu Christi bringt geistliche Opfer: ein Loblied, Bitte und Fürbitte, Dank und Anbetung und die Übergabe von Leib und Seele an den Herrn.

Es gibt keine gesegnete Begegnung mit dem Herrn, wo nicht dies Opfer dargebracht wird.

Da werden Wunder erlebt

Gideon sieht, wie sein Opfer durch das Feuer des Herrn verzehrt wird. Wer eine Begegnung mit dem Herrn hat, tritt hinein in die Welt der Allmacht Gottes: Jesaja erfährt, wie seine Sünde hinweggetan wird (Jes. 6, 5—7); Petrus erlebt das Wunder des großen Fischzugs (Luk. 5, 1—11); Nathanael sieht sich erkannt in den tiefsten Geheimnissen seines Lebens (Joh. 1, 47—49); dem verlorenen Schächer am Kreuz tun sich die Tore der ewigen Welt Gottes auf (Luk. 23, 42—43).

Da wird man, ohne zu sehen, der Nähe des Herrn gewiß

In Vers 21 c heißt es: *„Und der Engel des Herrn verschwand aus seinen Augen."* Im allgemeinen ist es so, daß ein Gespräch zu Ende ist, wenn der Gesprächspartner davongegangen ist. Seltsamerweise geht das Gespräch in Vers 22 weiter. Wiewohl Gideon den Engel des Herrn nicht mehr sieht, spricht er Ihn an und bekommt auch Antwort.

Die Geschichte erinnert uns an eine andere im Neuen Testament: an den Bericht von den Emmausjüngern (Luk. 24, 13 ff). Auch hier verschwand der Herr Jesus vor den Augen der Jünger. Sie fingen aber nun nicht an, abermals um ihren verlorenen Herrn zu klagen. Vielmehr waren sie der Gegenwart des Auferstandenen gewiß.

Da geht es durch Furcht

Aus dem Notschrei: *„Ach Herr, Herr! Habe ich also den Engel des Herrn von Angesicht gesehen?"* und aus der Antwort des Herrn: *„Du wirst nicht sterben"* wird offenbar, welch tiefe Furcht hier über den Gideon fiel. Wer vor die Augen des Herrn kommt, sieht sich in einem neuen Licht. Er sieht und erkennt, daß er vor Gott nicht „geradestehen kann". Da sieht man nicht nur seine eigene Armut und Vergänglichkeit. Da sieht man vor allem seine Sünde in ihrer Furchtbarkeit — man sieht sie, wie Gott sie beurteilt (Jes. 6, 5; Luk. 5, 8; Offenb. 1, 17).

Da erfährt man den Frieden Gottes

Aber der Herr sprach zu ihm: *„Friede sei mit dir!"* Und dann *„baute Gideon daselbst einen Altar und hieß ihn: Der Herr ist der Friede".* Der Herr sagt: *„Fürchte dich nicht. Du wirst nicht sterben."* Das ist die Verkündigung der Gnade, die dem Gideon hier zuteil wird — die Verkündigung der Gnade, die vom Kreuz von Golgatha her an alle Welt ergeht. Gideon glaubte dem Wort und erfuhr „den Frieden, der höher ist denn alle Vernunft". Wir müssen darauf achten, daß Gideon nicht nur sagt: „Der Herr g i b t Frieden", sondern: „Der Herr i s t der Friede." Das ist gewißlich wahr!

4. ERWECKUNGSZEITEN

Richter 6, 25—32. ²⁵*Und in derselben Nacht sprach der Herr zu ihm: Nimm einen Farren unter den Ochsen, die deines Vaters sind, und einen andern Farren, der siebenjährig ist, und zerbrich den Altar Baals, der deines Vaters ist, und haue ab das Ascherabild, das dabeisteht,* ²⁶*und baue dem Herrn, deinem Gott, oben auf der Höhe dieses Felsens einen Altar und rüste ihn zu; und nimm den andern Farren und opfere ein Brandopfer mit dem Holz des Ascherabildes, das du abgehauen hast.* ²⁷*Da nahm Gideon zehn Männer aus seinen Knechten und tat, wie ihm der Herr gesagt hatte. Aber er fürchtete sich, solches zu tun des Tages vor seines Vaters Haus und den Leuten in der Stadt und tat's bei der Nacht.* ²⁸*Da nun die Leute in der Stadt des Morgens früh aufstanden, siehe da, da war der Altar Baals zerbrochen und das Ascherabild dabei abgehauen und der andere Farre ein Brandopfer auf dem Altar, der gebaut war.* ²⁹*Und einer sprach zu dem andern: Wer hat das getan? Und da sie suchten und nachfragten, ward gesagt: Gideon, der Sohn des Joas, hat das getan.* ³⁰*Da sprachen die Leute der Stadt zu Joas: Gib deinen Sohn heraus; er muß sterben, daß er den Altar Baals zerbrochen und das Ascherabild dabei abgehauen hat.* ³¹*Joas aber sprach zu allen, die bei ihm standen: Wollt ihr um Baal hadern? Wollt ihr ihm helfen? Wer um ihn hadert, der soll dieses Morgens sterben. Ist er Gott, so rechte er um sich selbst, daß sein Altar zerbrochen ist.* ³²*Von dem Tag an hieß man ihn Jerubbaal und sprach: Baal rechte mit ihm, daß er seinen Altar zerbrochen hat.*

Ein Bann wird weggetan

Hier lernen wir ganz verstehen, warum all der Jammer über Gottes Volk kam: Der Altar Baals und das Ascherabild finden sich sogar im Hause der Besten in Israel, die sich nach Gottes Heil sehnen. Da lag der Schade!

Ehe Gideon ein Segen werden kann, muß der Baal in seinem eigenen Hause gestürzt werden. Es hat keinen Sinn, für Gott arbeiten zu wollen, solange im eigenen Leben verborgene Dinge sind, die das Licht Gottes scheuen. Der bekannte Evangelist Elias Schrenk pflegte in seinen Versammlungen immer wieder zu mahnen und zu bitten: „Bringt euer Leben in Ordnung!" Solange das nicht geschieht, kann der Herr unsern Dienst und unsere Mitarbeit nicht segnen und auch nicht gebrauchen. So will — um ein neutestamentliches Beispiel zu nennen — der Herr das Opfer von Ananias und Saphira (Apostelgesch. 5, 1 ff) nicht haben, weil sie heimlich dem Baal Mammon dienen. Zuerst muß Baal gestürzt werden. Dann gibt es Sieg und Freude.

Man gewinnt aus dem Abschnitt den Eindruck, daß dies Zerbrechen und dies Zerstören der Götzenbilder am Ende ein fröhliches Geschäft ist. Buße ist, wo sie ernst getan wird, eine gute und fröhliche Sache. Daß aber ein Mensch Gottes Wink versteht und anfängt, Buße zu tun, das ist der Anfang von Erweckungszeiten.

Es kommt zu einem Aufwachen

Zuerst erkennt Gideon die Sünde und Torheit des Götzendienstes (V. 25). Er ist zu Anfang noch sehr furchtsam und ängstlich: *„Aber er fürchtete sich, solches zu tun des Tages."* Das ist für uns sehr tröstlich zu hören. Wem hätte nicht das Herz gezittert, wenn ihm zum erstenmal klar wird, daß er vor allem Volk auf die Seite des lebendigen Gottes treten und damit gegen den Strom schwimmen soll! Ernst Lange erzählt in dem Buch „Hauptmann Willi Lange" von dem gesegneten Leben seines Bruders. Dieser Mann, der sich später so klar auf die Seite des Herrn stellte und von da an um seines Glaubens willen viel Ungemach ertrug, sagte noch kurz vor seiner Bekehrung: „Ich habe es mir immer und immer wieder überlegt — ich kann nicht gegen alle Welt stehen — ich kann nicht — es geht nicht!"

Wir brauchen uns solcher Furcht nicht zu schämen, denn es handelt sich um eine gewaltige Entscheidung. Aber wir dürfen es machen wie Gideon, wie dieser Hauptmann Lange und alle die andern Streiter des Herrn: im Vertrauen auf die starke Hand dessen, der uns beruft, alle Furcht überwinden und durchbrechen.

Tersteegen sagt:

> *„Wer sich nicht will dem Herrn ergeben,*
> *Der führt ein wahres Jammerleben.*
> *Brich durch, es koste, was es will,*
> *Sonst wird dein armes Herz nicht still."*

Nun, Gideon brach durch. Und er blieb nicht allein. Es gelang ihm, zehn Männer zu gewinnen, die mit ihm auf die Seite des Herrn treten wollten. Dann wird auch der Vater Joas gewonnen. Er, der das Götzenbild in seinem eigenen Hause aufgestellt hat, erkennt auf einmal, wie falsch dieser Weg ist, und erklärt sich einverstanden, daß der Bann weggetan wird (V. 31). Und nun kommt auch die Masse in Bewegung. Zunächst gibt es Kopfschütteln und Verwundern (V. 29). Dann kommt es zur Wut (V. 30). Die Masse hat es nicht gern, wenn plötzlich einer heraustritt und sich auf die Seite des Herrn stellt. Sie wird dadurch im Gewissen beunruhigt. Und um das Gewissen zum Schweigen zu bringen, wendet man sich gegen den Streiter des Herrn (vgl. 1. Petr. 4, 4). Schließlich bricht aber auch hier die Wahrheit durch. Viele geben dem Gideon recht. Gewiß ist an jenem Tage noch mancher Baal gestürzt worden.

So geschehen Erweckungen. Wo ein Mensch sich klar dem Herrn ausliefert, da geschieht etwas um ihn herum.

„Die falschen Götzen macht zu Spott"

„Ist er Gott, so rechte er um sich selbst." Joas, der vor kurzem selbst noch den Baal angebetet hat, erkennt auf einmal die ganze Armseligkeit dieses Götzen. Das sind Sturmzeichen Gottes, daß man das Wesen und die Götzen der Zeit, die so verherrlicht wurden, in ihrer Armseligkeit erkennt. Wenn wir dem Herrn den Weg bereiten wollen, brauchen wir Ihn nicht zu verteidigen. Es genügt oft schon, wenn wir der Welt die Armseligkeit ihrer Götter zeigen.

> *„Die falschen Götzen macht zu Spott,*
> *Der Herr ist Gott, der Herr ist Gott!"*

Missionar Krumm, der im Jahre 1897 den Auftrag bekam, an der Westküste von Nias eine erste Missionsstation zu errichten, erlebte, wie durch einen Häuptlingssohn die Wahrheit des Evangeliums zu den Kopfjägern kam. Schließlich lud der Priesterhäuptling, der „Neunflammige", ihn in seine Burg ein. Und es kam zu einer großen Absage an die Götzen. Bonn erzählt uns in seinem Buch „Ein Jahrhundert Rheinische Mission" davon:

„Solago mahnte: ,Du mußt uns aber das Wort Gottes verkündigen.' Und Krumm stimmte seine Rede auf das Bibelwort: ,Gott hat die Zeit der Unwissenheit übersehen, nun aber gebietet er euch, Buße zu tun.' Als er geendet, stieg der Oberhäuptling auf eine Kiste und rief mit mächtiger Stimme, die weit in die Berge schallte: ,Wir verlassen jetzt die Huku des Teufels und folgen der Lehre Gottes: Hört's, alle unsre Genossen.' Sie antworteten: ,So ist es.' Solago aber sprach: ,Tuan, hole jetzt dein Buch und trage unsre Namen ein, die Namen derer, die wirklich in den Taufunterricht kommen wollen und die Götzen wegwerfen.' Und nun füllten sich Krumms Blätter mit einhundertundzwei Namen. Darauf wurde das Dorf von den Götzen gesäubert, Krumm selbst warf einige in den Abgrund mit dem Geleitwort:

> ,Die falschen Götzen macht zu Spott,
> Der Herr ist Gott, der Herr ist Gott!'

Von dieser Arbeit waren alle eben zurückgekehrt, da fragte Solago: ‚Dürfen wir jetzt tanzen?' Der mitgekommene niassische Lehrer begütigte den betroffen dastehenden Tuan. Es sei nichts Heidnisches dabei. Unter dieser Bedingung wurde denn auch die Erlaubnis erteilt, und nun goß Solago die Freude des Tages in ein langes, schnell gedichtetes Lied:

‚Es ist gleich, als wenn die Sonne aufgeht über unsern Bergen,
Weil gekommen ist zu uns der Tuan.
Es wird hell bei uns, weil er uns das Wort Gottes verkündigt.
Auch uns hat erreicht Lowolangi (Gott),
Es ist zu uns gekommen der Herr,
Zu uns, den Dorfleuten von Lolowau,
Zu uns, den Irauno Huna, der Menge.
Es hat uns erreicht die frohe Botschaft,
Die Botschaft, die das Herz sättigt, stille macht.
Darum haben wir uns versammelt,
Darum sind wir alle da.
Es sind gekommen die Alten,
Es sind gekommen die Jungen.
Wir haben uns hier versammelt, wir sind nun alle da.
Wir drehen uns im Kreise, wir stampfen auf den Boden,
Weil zu uns kommt die frohe Botschaft.
Sie rauscht über unsre Berge, sie geht durch unser Tal,
Weil bei uns ist der Tuan, der Geber einer neuen Rede,
Der Bringer eines neuen Worts.
Darum ist das Herz so voll, darum ist das Herz so groß.
Woher ist die Botschaft gekommen?
Sie ist gekommen vom Norden.
Daher, wo die Menge wohnt auf den Bergen.
Warum kam die Botschaft von Norden?
Weil dorthin gekommen ist der Sohn Gottes,
Weil dort ist der Heiland, unser Erlöser,
Er ist gekommen zu den Menschen auf die Erde,
Damit ewiges Leben bekämen die Menschen, die Sünder,
Die vom Teufel Gequälten, die vom Bösen Geführten.
Wenn wir verändern unsre Gedanken,
Wenn wir verlassen die Sünden,
Mitsamt dem Neid, mitsamt dem Streit,
Wenn wir lieben unsre Brüder,
Unsre Genossen, unsre Dorfleute,
Dann finden wir den Weg des Lebens.'

Die Menge wiederholte Strophe um Strophe und bekräftigte jede mit einem Fußstampfen."

5. DIE ARMEE DES GOTTESFEINDES UND DAS HEER GOTTES

Richter 6, 33—35. [33] *Da nun alle Midianiter und Amalekiter und die aus dem Morgenland sich zuhauf versammelt hatten und zogen herüber und lagerten sich im Grund Jesreel,* [34] *erfüllte der Geist des Herrn den Gideon; und er ließ die Posaune blasen und rief die Abiesriter, daß sie ihm folgten,* [35] *und sandte Botschaft zu ganz Manasse und rief sie an, daß sie ihm auch nachfolgten. Er sandte auch Botschaft zu Asser und Sebulon und Naphthali; die kamen herauf, ihm entgegen.*

Die Armee des Gottesfeindes

Zwischen den verschiedenen Stämmen um Israel her war beständig Krieg und Streit. Es ist merkwürdig: Nun haben sie auf einmal alle ihre Gegensätze vergessen und sind *„zuhauf versammelt"*. Im Kampf gegen Gott und Seinen Erwählten und Sein Volk finden sich die verschiedensten Geister in erstaunlicher Einmütigkeit zusammen.

Wir sehen dieselbe merkwürdige Einmütigkeit unter dem Kreuze Jesu: Die moralischen Pharisäer und der gottlose Pöbel, die gebildeten Sadduzäer und das geringe Volk, Juden und Römer, Frauen und Männer, Alte und Junge, Reiche und Arme verspotten gemeinsam den Sohn Gottes. In Lukas 23, 12 heißt es:

> „Auf den Tag hin wurden Pilatus und Herodes Freunde miteinander; denn zuvor waren sie einander feind."

So war es nicht nur in alter Zeit. So wird es zu allen Zeiten bleiben: Die Feindschaft gegen den Herrn und Seine Gemeinde führt die gegensätzlichen Geister zusammen. Und wenn einmal der Antichrist seine Heere zum letzten Sturm gegen Gott führt, dann werden wir staunen, was da alles *„zuhauf versammelt"* ist zum Kampf gegen die Gemeinde des Herrn.

Ihre große Macht

Vergleiche dazu Kapitel 7, 12: „Sie waren nicht zu zählen vor der Menge wie der Sand am Ufer des Meeres."

Menschlich gesprochen ist Gottes Volk verloren. So sah es jedenfalls für natürliche Augen aus. Und so wird es immer aussehen: Einsam hing Jesus am Kreuz, während die Feinde triumphierten. Ohne jede Hilfe standen die Apostel dem Hohen Rat ihres Volkes gegenüber (Apostelgeschichte 4). Hilflos war die erste Christengemeinde dem Wahnsinn der römischen Cäsaren ausgeliefert. Allein stand Luther auf dem Reichstag in Worms.

> *„Mit unsrer Macht ist nichts getan,*
> *Wir sind gar bald verloren."*

Und doch heißt es von der Gemeinde des Herrn immer wieder: „Als die Sterbenden — und siehe, wir leben" (2. Kor. 6, 9).

Denn

> *„Es streit't für uns der rechte Mann,*
> *Den Gott selbst hat erkoren.*
> *Fragst du, wer der ist?*
> *Er heißt Jesus Christ, der Herr Zebaoth,*
> *Und ist kein andrer Gott,*
> *Das Feld muß er behalten."*

In der Schar des Herrn wirkt der Heilige Geist

Die Fülle des Heiligen Geistes wurde an Pfingsten ausgegossen „über alles Fleisch" (Apostelgesch. 2, 17), das heißt: Seit Pfingsten ist die große Gabe des Heiligen Geistes für jeden bereit. Aber auch schon im Alten Bund wurden einzelne hervorragende Gottesknechte mit dem Heiligen Geist erfüllt, so David (Psalm 51, 13) oder Zacharias (Lukas 1, 67). So auch Gideon.

In diesem alttestamentlichen Gottesheer, das mit dem Schwerte von Eisen kämpft, ist der Heilige Geist schon wirksam. Wieviel mehr in dem neutestamentlichen Heere Gottes, das den Angriff führt mit dem Schwert des Geistes, dem Worte Gottes (Epheser 6, 17). Der Heilige Geist ist die eigentliche Ausrüstung der Kämpfer Gottes.

Damit beginnt die Mobilmachung der Gottesarmee, daß die Streiter Gottes im Kämmerlein um den Heiligen Geist bitten.

Sie ist größer, als man dachte

Aus Kapitel 7, 3 geht hervor, daß zweiunddreißigtausend Mann sich sammelten. Das mag für Gideon eine Freude und Glaubensstärkung gewesen sein. Allein und dann mit zehn Mann hat er angefangen, und manches Mal mag durch sein banges Herz die Frage gegangen sein: „Sind in dem gottlos gewordenen Israel noch Menschen, die auf Gottes Posaune hören?" —

Als Elia ganz verzagt am Berge Horeb ausrief: „Ich bin allein übriggeblieben...", antwortete ihm der Herr: „Ich will lassen übrigbleiben siebentausend in Israel: alle Knie, die sich nicht gebeugt haben vor Baal" (1. Könige 19, 18). Jeder einsame Gottesstreiter soll wissen und glauben, daß die „Gemeinschaft der Heiligen" größer ist, als unser Auge es sieht.

In Offenbarung 7, 9 erfahren wir von einer großen Schar, welche niemand zählen kann, aus allen Heiden, Völkern und Sprachen. Und alle in dieser großen Schar haben die Versöhnung angenommen und in der Kraft des Blutes Jesu überwunden. Wenn wir oft noch so allein stehen — der Herr hat ein großes Heer.

6. UM GEWISSHEIT

Richter 6, 36—40. [36] *Und Gideon sprach zu Gott: Willst du Israel durch meine Hand erlösen, wie du geredet hast,* [37] *so will ich ein Fell mit der Wolle auf die Tenne legen. Wird der Tau auf dem Fell allein sein und die ganze Erde umher trocken, so will ich merken, daß du Israel erlösen wirst durch meine Hand, wie du geredet hast.* [38] *Und es geschah also. Und da er des andern Morgens früh aufstand, drückte er den Tau aus vom Fell und füllte eine Schale voll des Wassers.* [39] *Und Gideon sprach zu Gott: Dein Zorn ergrimme nicht wider mich, daß ich noch einmal rede. Ich will's nur noch einmal versuchen mit dem Fell. Es sei allein auf dem Fell trocken und Tau auf der ganzen Erde.* [40] *Und Gott tat also dieselbe Nacht, daß es trocken war allein auf dem Fell und Tau auf der ganzen Erde.*

Stille im Lärm

In Vers 34 hören wir das Schmettern der Kriegsfanfaren, das Klirren der Waffen, den Lärm des Krieges. Da spüren wir zwischen den Zeilen die Spannung, die über einem Heere liegt vor der entscheidenden Schlacht. Gideon ist mitten in der Unruhe des Lagerlebens. Er ist nun nicht mehr ein Bauernsohn, der in der Stille der heimatlichen Felder hinter dem Pflug geht. Er ist der Feldherr über zweiunddreißigtausend Mann. Er ist ein Mann, auf dem ungeheure Verantwortung liegt. Wieviel mag da auf ihn eingestürmt sein! Wieviel Frager und Boten und Ordonnanzen drängen sich um sein Zelt!

Und wieviel Not machen dem Gideon alle diese Entscheidungen! Er ist ja von Beruf kein Soldat. Es ist ein völlig neuer Beruf, in den er sich einarbeiten muß.

Wenn wir uns das vergegenwärtigen, dann wird uns der Vers 36 ganz groß: *„Und Gideon sprach zu dem Herrn..."*

Mitten im Lagerlärm, mitten in der Unruhe, mitten in der Aufregung finden wir den Feldherrn in stillen Gesprächen mit seinem Herrn und Gott. Er sagt nicht: „In dieser Überfülle von Arbeit habe ich keine Zeit zu einem Gebetsleben." Er spricht vielmehr: „Weil so viel auf mich eindrängt, dem ich nicht gewachsen bin, darum muß ich mir in der Stille vor dem Angesicht Gottes Kraft und Wegweisung holen."

Das sind die gesegneten Leute, die mitten im Lärm des Lebens Jesu Wort wahr machen:

> „Gehe in dein Kämmerlein und schließe die Tür zu und bete zu deinem Vater im Verborgenen" (Matth. 6, 6).

Ein Mann will seiner Sache sicher sein

Diese Bitten des Gideon um göttliche Zeichen dürfen uns nicht befremden. Wir stoßen hier vielmehr bei Gideon auf einen Wunsch und eine Sehnsucht, die überall dort vorhanden sind, wo man es mit dem Herrn ernst nimmt.

Gideon kann der Sache des Herrn nicht recht dienen, ehe er nicht ganz bestimmt weiß,

a) ob er wirklich auf die Seite des Herrn gehört.

Die Gemeinde des Herrn besteht ja nicht aus Leuten mit erhöhten „religiösen Gefühlen". Die Gemeinde des Herrn besteht aus Leuten, die durch den Ruf des Herrn Sein Eigentum geworden sind. Man muß es bis zum Schwören gewiß wissen, ob man mit Gott in Ordnung ist. Wir müssen daraufhin einmal das Neue Testament ansehen: Von der Pfingstpredigt des Petrus an spielt das Wörtlein „gewiß" eine ganz große Rolle in dem Zeugnis der Apostel. Erst dann steht es richtig mit einem Menschen, wenn er durch den gläubigen Aufblick auf das Kreuz Christi und durch das Zeugnis des Heiligen Geistes völlige Heilsgewißheit gefunden hat. Nur der kann den Dienst Gottes richtig ausrichten, der bekennen kann:

> *„So gewiß wie die Sonne am Himmel dort prangt,*
> *So gewiß hab ich Sünder Vergebung erlangt."*

Um solche Gewißheit ging es Gideon, dem Mann aus dem Alten Bunde.

Und Gideon kann der Sache des Herrn nicht recht dienen, ehe er nicht ganz bestimmt weiß,

b) ob er mit seinem Kriegszug auf dem richtigen Wege ist.

Das ist für Knechte des Herrn außerordentlich wichtig, daß sie an entscheidenden Kurven ihres Lebens gewiß werden: „Das ist der Wille des Herrn."

Als der große Missionar Nommensen ins Innere Sumatras in ein Dorf im Tal Silindung kam, gab es eine gewaltige Aufregung. Das Volk strömte zusammen. Die Radschas schleppten Nommensen in das Versammlungshaus. Dort wurde ihm erklärt: „Unsere Adat (Gesetz) erlaubt nicht, daß ein weißer Mann unter uns wohnt." Gelassen erklärte ihnen Nommensen: „Aber der große Tuan Djesus hat mich zu euch gesandt. Darum muß ich hier bleiben."

Es gab tagelange Verhandlungen. Als die Radschas schon fast mürbe waren, sprang ein wilder Kerl unter ihnen auf und sagte mit drohender Anzüglichkeit zu Nommensen: „Wenn ein Mann ein Reiskorn auf die Straße wirft — werden nicht die Hühner das Reiskorn aufpicken?!" Da sah ihn Nommensen mit seinen klaren blauen Augen ruhig an und erwiderte: „Wenn der Mann, der das Reiskorn auf die Straße geworfen hat, die Hühner wegscheucht, werden sie das Reiskorn nicht aufpicken."

Nommensen wußte genau, daß die einzigen weißen Männer, zwei Missionare, die vor ihm ins Innere Sumatras gekommen waren, erschlagen und aufgefressen worden waren. Trotzdem sprach er so. So konnte nur einer reden, der seines Weges vor Gott gewiß geworden war.

Pastor Christlieb, ein gesegneter Zeuge Christi im Oberbergischen Land, gab einmal einem jungen Amtsbruder, der seine Stelle wechseln wollte, den feinen Rat: „Wenn du nicht ganz gewiß weißt, ob Gott dich marschieren heißt, dann tritt lieber auf der Stelle!" Um solche Gewißheit ging es dem Gideon.

Der Herr will gewisse Leute

Der Herr hat dem Gideon sein immer erneutes Fragen nicht übelgenommen. Im Gegenteil! Er ist darauf eingegangen. Damit macht Er deutlich, daß Er gerne Leute haben will, die nach Gewißheit trachten.

Wir haben ein neutestamentliches Gegenstück zu dieser Geschichte: Das ist der Bericht von Thomas, der die Auferstehung Jesu nicht glauben wollte (Joh. 20, 24 ff). Auch diesem Mann hat der Herr zu froher und fester Gewißheit verholfen. Man kann oft Auslegungen dieser Geschichte hören, in denen „der ungläubige Thomas" gleichsam getadelt wird. Nun hätte Thomas gewiß um die Auferstehung wissen können, da Jesus sie vorher verkündigt hatte. Aber es ist doch wohl so, daß man den Sinn dieser Geschichte verkennt, wenn man Thomas hier in ein schlechtes Licht stellt. Das sind nicht die schlechtesten Christen, bei denen es durch viele Fragen und Zweifel geht, bis sie endlich, völlig überführt und in ganzer Gewißheit, bekennen: „Mein Herr und mein Gott."

Gideon verfiel auf eine merkwürdige Sache, um zur Gewißheit zu kommen. Er forderte Zeichen vom Herrn. Dieser Weg ist uns im Neuen Bunde verwehrt. Wir haben größere Zeichen, an denen uns die Gewißheit geschenkt wird. Unsere Zeichen sind Kreuz und Auferstehung Jesu (Matth. 12, 39 ff) und das Zeugnis des Heiligen Geistes (Römer 8, 16).

7. DER AUFBRUCH

Richter 7, 1—2 a. ¹*Da machte sich Jerubbaal, das ist Gideon, früh auf und alles Volk, das mit ihm war, und lagerten sich an den Brunnen Harod, daß er das Heer der Midianiter hatte gegen Mitternacht von dem Hügel More im Grund.* ²ᵃ*Der Herr aber sprach zu Gideon: Des Volks ist zuviel, das mit dir ist, daß ich sollte Midian in ihre Hände geben.*

Der Eifer

„Sie machten sich früh auf." Keiner hat mehr Lust, der Ruhe zu pflegen. Man hält sich auch nicht auf mit langatmigen Beratungen und Sitzungen. Wieviel ist in der Gemeinde Jesu Christi versäumt worden, wie viele Schlachten sind verloren gegangen, weil der Eifer fehlte, weil man nicht „früh auf" war, weil man beriet, statt zu kämpfen!

Wo der Geist Gottes wirkt, da ist es immer so gewesen, daß ein Eifer für die Sache des Herrn erwachte. Vater Bodelschwingh rief den ausziehenden Missionaren nach: „Nur nicht so langsam, sie sterben drüber!" Und Zinzendorf lehrte seine Brüder singen:

> *„Wir woll'n uns gerne wagen,*
> *In unsern Tagen*
> *Der Ruhe abzusagen,*
> *Die 's Tun vergißt.*
> *Wir woll'n nach Arbeit fragen,*
> *Wo welche ist,*
> *Nicht an dem Amt verzagen,*
> *Uns fröhlich plagen*
> *Und unsre Steine tragen*
> *Aufs Baugerüst."*

Man lagerte beim Brunnen

„Sie lagerten sich an den Brunnen Harod." Bei allem Eifer bleibt Gideon der kluge, geisterfüllte Feldherr. Er stürzt sich nicht blindlings in den Kampf, sondern faßt die Notwendigkeit ins Auge. Furchtbar groß ist im Morgenland die Gefahr, daß sich die Kämpfer im Eifer des Gefechtes von den Brunnen entfernen, von den Brunnen, die so selten zu finden sind. Und dann werden sie ein Opfer des Durstes.

Das gilt nun auch im geistlichen Leben: Streiter Gottes sind beständig in der Gefahr, in dem vielfachen Betrieb des täglichen Kampfes die Verbindung mit dem Brunnen, dem lebendigen Worte Gottes, zu verlieren. Wie viele tüchtige Mitarbeiter am Reiche Gottes sind erlegen, weil in dem überreichlichen „Betrieb" Herz und Seele verdursteten! Darum müssen Streiter Gottes bei aller Kampfesfreudigkeit und in allem Kampfeseifer immer wieder am Brunnen des Wortes Gottes lagern.

Der Herr bleibt der Heerführer

„Der Herr aber sprach . . ." Gideon ist wohl ein tüchtiger, kühner und genialer Feldherr. Aber er weiß ganz genau: Das alles genügt nicht, um Gottes Schlachten zu schlagen. Darum läßt er jetzt den Herrn Feldherr sein. Der Herr hat das entscheidende Wort.

Jesus sagt (Joh. 15, 5): „Ohne mich könnt ihr nichts tun." In Gottes Kämpfen sind nicht wir die Feldherren, die die Schlachten schlagen. Der Herr schlägt die Schlacht. Und wir brauchen nur Schwert zu sein in Seiner Hand. So steht es überall in der Bibel.

Als das alttestamentliche Volk Gottes am Roten Meer stand und hinter ihm die Ägypter heranjagten, sagte Mose zu ihm das wundervolle Wort: „Der Herr wird für euch streiten, und ihr werdet still sein" (2. Mose 14, 14). Und als der Herr den Saulus zum Völkerapostel berief, da legte Er nicht Seine Sache in des Paulus Hände. Er beschrieb vielmehr die Aufgaben des Paulus mit dem Wort: „Dieser ist mir ein auserwähltes Werkzeug."

Wie herrlich ist es doch, zu diesem Heere zu gehören, wo der große und starke Herr selbst Heerführer ist und die Sache zu Ende bringt!

„Die Sach' ist dein, Herr Jesu Christ,
Die Sach', an der wir stehn.
Und weil es deine Sache ist,
Kann sie nicht untergehn."

8. EIN MERKWÜRDIGER BEFEHL

Richter 7, 2—3. ²Der Herr aber sprach zu Gideon: Des Volks ist zuviel, das mit dir ist, daß ich sollte Midian in ihre Hände geben; Israel möchte sich rühmen wider mich und sagen: Meine Hand hat mich erlöst. ³So laß nun ausrufen vor den Ohren des Volks und sagen: Wer blöde und verzagt ist, der kehre um und hebe sich alsbald vom Gebirge Gilead. Da kehrten des Volks um zweiundzwanzigtausend, daß nur zehntausend übrigblieben.

Jedem Heerführer liegt doch daran, möglichst viele Soldaten zu haben. Der Herr aber läßt zweiundzwanzigtausend umkehren. Da merken wir schon, daß es im Reiche Gottes anders zugeht, als die natürliche Vernunft es sich träumen läßt. Der Abschnitt lehrt uns:

Es gibt keinen Zwang im Heere Gottes

Das Reich Gottes auf Erden ist ein Reich der Freiheit. Es ist ja nicht so, daß der Herr uns braucht. Er ist nicht auf uns angewiesen. Es ist eine Ehre, Ihm dienen zu dürfen. Und wer nicht will, wird nicht gezwungen mitzuziehen.

In Johannes 6, 66—68 wird uns eine wunderschöne Geschichte erzählt. Bis dahin waren große Massen mit Jesus gezogen. Als aber der Herr nun ernste Worte sprach, wandten sich viele von Ihm. Immer mehr gingen weg. Es wurde einsam um Jesus. Schließlich stand Er allein mit Seinen Jüngern. Wenn es im Reiche Gottes zuginge wie in der

Welt, dann hätte der Herr Jesus — wie es vielleicht ein verzweifelter Vereinsführer getan hätte — Seine Jünger bitten und beschwören müssen: „Nun bleibt ihr doch wenigstens bei der Stange!" Jesus aber tut genau das Gegenteil. Er stößt Seinen Jüngern die Türe auf, ja, Er ermuntert sie geradezu: „Wollt ihr nicht auch weggehen?" Damals war es, als Petrus das Wort sprach: „Herr, wohin sollen wir gehen? Du hast Worte des ewigen Lebens! Und wir haben geglaubt und erkannt, daß du bist Christus, der Sohn des lebendigen Gottes." Und in Offenbarung 3, 20 sagt der Herr: „Siehe, ich stehe vor der Tür und klopfe an. So jemand meine Stimme hören wird und die Tür auftun, zu dem werde ich eingehen..." Da wird ganz deutlich: In der Gemeinde des Herrn gibt es keine gepreßten Leute, sondern nur Freiwillige, die mit fröhlichem Herzen folgen.

Verzagte können nicht gebraucht werden

In der Gemeinde des Herrn können nur die mitstreiten, die dem Herrn alles zutrauen. Darum sagt Gideon: *„Wer blöde und verzagt ist, der kehre um."* Da kehrten alle die um, die die furchtbare Macht des Feindes anschauten und ihre eigene schwache Kraft damit verglichen. Die aber, die auf den großen Feldherrn, den lebendigen Gott, sahen, waren getrost.

Verzagte können nicht gebraucht werden! In Offenbarung 21, 7 und 8 heißt es:

> „Wer überwindet, der wird es alles ererben, und ich werde sein Gott sein, und er wird mein Sohn sein. Der Verzagten aber und Ungläubigen Teil wird sein in dem Pfuhl, der mit Feuer brennt. Das ist der andere Tod."

Wir wollen es noch einmal recht deutlich sagen: Leute, die a n s i c h s e l b e r verzagen, die kann der Herr in Seinem Heere sehr gut gebrauchen. Die schließt Er nicht aus. Im Gegenteil. Die hat er am liebsten. Zu diesen gehörte auch Gideon (Richter 6, 15). Aber solche Leute will der Herr haben, die im Vertrauen auf Ihn alle Furcht und Verzagtheit überwinden und mit David sprechen:

> „Denn mit dir kann ich Kriegsvolk zerschlagen und mit meinem Gott über die Mauer springen. Er ist ein Schild allen, die ihm vertrauen. Gott rüstet mich mit Kraft. Er lehrt meine Hand streiten und lehrt meinen Arm einen ehernen Bogen spannen. Du machst unter mir Raum zu gehen, daß meine Knöchel nicht wanken. Du kannst mich rüsten mit Stärke zum Streit; du kannst unter mich werfen, die sich wider mich setzen" (Psalm 18, 30 ff).

Der Herr ist nicht mit der Masse

„Des Volks ist zuviel." Ein merkwürdiges Wort! Uns ist des Volkes immer zuwenig. Uns imponieren immer die Massen. Wir meinen: Wo Tausende marschieren, da muß unbedingt die Wahrheit sein und der Erfolg und der Sieg.

Gott denkt anders. Wir müssen uns freimachen von dem Zauber der großen Zahlen. Es gibt wohl kein besseres Mittel, davon frei zu werden, als daß wir einmal nachdenken über ein Wort Jesu, ein ernstes Wort, in dem Er uns sagt, wo die Masse ist und wo die wenigen sind. Das Wort steht Matthäus 7, 13 f und heißt:

> „Gehet ein durch die enge Pforte! Denn die Pforte ist weit, und der Weg ist breit, der zur Verdammnis abführet; und ihrer sind v i e l e , die darauf wandeln. Und die Pforte ist eng, und der Weg ist schmal, der zum Leben führet; und w e n i g e sind ihrer, die ihn finden."

Wo die Gefahr liegt

„Israel möchte sich rühmen über mich und sagen: Meine Hand hat mich erlöst" (V. 2). Wenn die zweiunddreißigtausend Mann den Sieg erfochten, dann wurde dies Heer berühmt. Dann gab es in Israel stolze und hochmütige Herzen. Das wäre aber das Schlimmste gewesen, was hätte geschehen können, denn 1. Petrus 5, 5 hören wir: „Gott widersteht den Hoffärtigen, aber den Demütigen gibt er Gnade." Jeder Hochmut zieht uns sofort die Feindschaft Gottes zu, wie uns eine nachdenklich stimmende Geschichte zeigt, die wir 2. Chron. 32, 24 bis 26 lesen:

> „Zu der Zeit ward Hiskia todkrank. Und er bat den Herrn; der redete zu ihm und gab ihm ein Wunderzeichen. Aber Hiskia vergalt nicht, wie ihm gegeben war; denn sein Herz überhob sich. Darum kam der Zorn über ihn und über Juda und Jerusalem. Aber Hiskia demütigte sich, daß sein Herz sich überhoben hatte, samt denen zu Jerusalem; darum kam der Zorn des Herrn nicht über sie, solange Hiskia lebte."

Es gibt unendlich viele Stellen in der Bibel, die von dem Gericht Gottes sprechen über die Herzen, die sich erheben. So lesen wir Jesaja 2, 11—17:

> „Denn alle hohen Augen werden erniedrigt werden, und die hohe Männer sind, werden sich bücken müssen; der Herr aber wird allein hoch sein zu der Zeit. Denn der Tag des Herrn Zebaoth wird gehen über alles Hoffärtige und Hohe und über alles Erhabene, daß es erniedrigt werde; auch über alle hohen und erhabenen Zedern auf dem Libanon und über alle Eichen in Basan; über alle hohen Berge und über alle erhabenen Hügel; über alle hohen Türme und über alle festen Mauern; über alle Schiffe im Meer und über alle köstliche Arbeit: daß sich bücken muß alle Höhe der Menschen und sich demütigen müssen, die hohe Männer sind, und der Herr allein hoch sei zu der Zeit!"

Der ehemalige Reichskanzler Michaelis hat einmal ein feines Wort gesagt: „Das Geheimnis des Erfolges in Dingen des Reiches Gottes liegt in dem demütigen Verzicht auf eigene Kraft, auf eigenes Können. Der klare Blick dafür, wie weit immer noch das Selbstvertrauen sich zwischen Gott und unser Werk stellt, wird erst in langer Schulung durch Gottes Geist erlangt. Ein Körnchen Selbstbewunderung und Selbstgerechtigkeit verschiebt auf der göttlichen Waage die Schale des Wertes dessen, was wir ausrichten, und der ewige Richter urteilt: ‚Zu leicht befunden.' Wie manches herrlich angefangene Reich-Gottes-Werk ist an der Eitelkeit seiner Träger zugrunde gegangen!"

Alles Erlösen geschieht durch den Herrn

Das gilt auch heute noch. Als das Joch Napoleons in den Flammen des brennenden Moskau und in den Eiswüsten Rußlands zerbrochen wurde, da sangen unsere Väter:

> „Mit Mann und Roß und Wagen
> hat sie d e r H e r r geschlagen."

Wo in unserm Volke eine Hilfe geschehen ist und geschieht, da sollen sich Hände und Herzen aufheben zu dem, von dem allein Hilfe und Errettung kommen.

Wenn aber jede äußere Erlösung schon nur durch den Herrn geschehen kann, wieviel mehr gilt das wohl, wenn es sich darum handelt, erlöst zu werden aus der Knechtschaft Satans und aus den Ketten der Sünde und Schuld! Gott sei Dank, daß Gott uns in Jesus Christus die Erlösung bereitet und geschenkt hat.

9. EINE SELTSAME PRÜFUNG

Richter 7, 4—8. ⁴*Und der Herr sprach zu Gideon: Des Volks ist noch zuviel. Führe sie hinab ans Wasser, daselbst will ich sie dir prüfen. Und von welchem ich dir sagen werde, daß er mit dir ziehen soll, der soll mit dir ziehen; von welchem ich aber sagen werde, daß er nicht mit dir ziehen soll, der soll nicht ziehen.* ⁵*Und er führte das Volk hinab ans Wasser. Und der Herr sprach zu Gideon: Wer mit seiner Zunge Wasser leckt, wie ein Hund leckt, den stelle besonders; desgleichen, wer auf seine Kniee fällt, zu trinken.* ⁶*Da war die Zahl derer, die geleckt hatten aus der Hand zum Mund, dreihundert Mann; das andere Volk alles hatte kniend getrunken.* ⁷*Und der Herr sprach zu Gideon: Durch die dreihundert Mann, die geleckt haben, will ich euch erlösen und die Midianiter in deine Hände geben; aber das andere Volk laß alles gehen an seinen Ort.* ⁸*Und sie nahmen Zehrung für das Volk mit sich und ihre Posaunen. Aber die andern Israeliten ließ er alle gehen, einen jeglichen in seine Hütte; die dreihundert Mann aber behielt er. Und das Heer der Midianiter lag unten vor ihm im Grunde.*

Der Herr prüft Seine Streiter

Man darf nicht denken, es sei für den Herrn eine Ehre, wenn man sich Ihm zur Verfügung stellt. Im Gegenteil, es ist eine Ehre, in des Herrn Dienst stehen zu dürfen. Und der Herr siebt selber aus, wen Er dazu brauchen kann.

Er hat mancherlei Wege, Seine Leute zu sieben. Einmal läßt Er sie durch besondere Trübsal gehen (1. Petr. 1, 6—7); ein andermal läßt Er besondere Versuchungen zu (Hiob 1 und 1. Kor. 10, 13), oder Er stellt sie vor besondere Aufgaben (Apostelgesch. 10).

Wer für den Streit Gottes brauchbar ist

Wen behält der Herr? Die Stärksten? Die am besten reden können? Die eine besondere Führerbegabung haben? Die mit den besten Nerven? — Nein, so wählt Gott nicht aus. Er wählt sich die, die am willigsten bereit sind.

Das Heer wird an ein Wasser geführt. Wer nur stehend, gleichsam im Vorbeigehen, Wasser schöpft mit der Hand und so trinkt, der ist brauchbar. Die aber, die sich erst niederlassen, die sich erst wieder einmal Ruhe gönnen und lagern, die dürfen nach Hause gehen.

Die, welche wohl auch für den Herrn kämpfen wollen, aber doch auch i h r e Ruhe, i h r e Erquickung, i h r Vergnügen wollen, die scheidet Er aus. Nur die ungeteilten Herzen, die in allem, auch in ihrer Ruhe und Erquickung, in ihren Pausen und in ihrer Freizeit dem Herrn zur Verfügung stehen in völliger Bereitschaft, die dürfen mit in den Kampf.

Gibt's denn solche Leute? Nun, unter zehntausend in Israel waren dreihundert. So wird das Verhältnis immer bleiben. Durch diese wenigen wirkt Gott gewaltig in die Welt hinein.

Jetzt sei es noch einmal ausgesprochen: Ein jeder darf zu diesen dreihundert gehören, der nur völlig bereit ist.

Die Abziehenden hatten es gut. Sie bewahrten ihr Leben. Sie gingen nach Hause. Und doch — ich möchte nicht bei ihnen sein, sondern bei den dreihundert, die die Freuden des Kampfes und den Jubel des Sieges erleben durften.

10. GEHEIME KRAFTQUELLEN

Richter 7,9—15. ⁹*Und der Herr sprach in derselben Nacht zu ihm: Stehe auf und gehe hinab zum Lager; denn ich habe es in deine Hände gegeben.* ¹⁰*Fürchtest du dich aber, hinabzugehen, so laß deinen Diener Pura mit dir hinabgehen zum Lager,* ¹¹*daß du hörest, was sie reden. Danach werden deine Hände stark* *sein, und du wirst hinabziehen zum Lager. Da ging Gideon mit seinem Diener Pura hinab vorn an den Ort der Schildwächter, die im Lager waren.* [12] *Und die Midianiter und Amalekiter und alle aus dem Morgenland hatten sich niedergelegt im Grunde wie eine Menge Heuschrecken; und ihre Kamele waren nicht zu zählen vor der Menge wie der Sand am Ufer des Meers.* [13] *Da nun Gideon kam, siehe, da erzählte einer einem andern einen Traum und sprach: Siehe, mir hat geträumt: Mich deuchte, ein geröstetes Gerstenbrot wälzte sich zum Heere der Midianiter; und da es kam an die Gezelte, schlug es dieselben und warf sie nieder und kehrte sie um, das Oberste zu unterst, daß das Gezelt lag.* [14] *Da antwortete der andere: Das ist nichts anderes denn das Schwert Gideons, des Sohns des Joas, des Israeliten. Gott hat die Midianiter in seine Hände gegeben mit dem ganzen Heer.* [15] *Da Gideon den hörte solchen Traum erzählen und seine Auslegung, betete er an und kam wieder ins Heer Israels und sprach: Macht euch auf, denn der Herr hat das Heer der Midianiter in eure Hände gegeben.*

Die Burg Hohen-Neuffen in Württemberg wurde im Mittelalter zwei Jahre lang vergeblich von einem feindlichen Heer belagert. Sie konnte nicht zu Fall gebracht werden, weil sie geheime Kraftquellen hatte: Das war ein Brunnen, der in den Fels gesprengt war und immer frisches Wasser gab. Und dann war da noch ein unterirdischer Gang, der in die nächste Stadt führte. Durch diesen Gang holten sich die Belagerten immer wieder Lebensmittel.

Auch die Gottesstreiter brauchen geheime Kraftquellen, um überwinden zu können. In diesem Abschnitt erfahren wir von einigen solcher geheimen Kraftquellen, durch die Gideon sich zu seinem furchtbaren Kampf und zu seinen schweren Aufgaben Kraft holte.

Der Umgang mit dem Herrn

Jedes große Musikstück hat ein „Thema". Auch in dieser großen Gideon-Symphonie voll Kampfgetöse, Trompetenschall und Heeresgetümmel ist ein Thema, das immer wieder durchklingt. Das Thema heißt: *„Der Herr sprach zu Gideon."*

Wir müssen darauf achten, daß es nicht nur heißt: „Gideon sprach zum Herrn." Es ist sicherlich wichtig, wenn ein Herz im Gebet zum Herrn schreit. Aber ebenso wichtig ist es, daß wir selbst stille werden und der Herr mit uns reden kann. Es ist ein köstliches Ding, wenn alle Gedanken und Wünsche vor der aufgeschlagenen Bibel zum Schweigen kommen und der Herr mit uns redet.

„. . . in der Nacht." Der Tag ist bei Gideon ausgefüllt mit den Geschäften des Feldherrn. Weil er aber auf die wichtigste Kraftquelle, den Umgang mit dem Herrn, nicht verzichten kann und will, nimmt er die Nacht dazu.

Gottes Versprechungen

Gottes Versprechungen gegenüber darf man alles Mißtrauen fahren lassen. Wenn der Herr sagt: *„Ich habe die Midianiter in deine Hände gegeben"*, dann ist dieses große Heer bereits erledigt.

Wir sollten es viel mehr lernen, auf die Verheißungen Gottes zu bauen. Wenn der Herr zum Beispiel Jesaja 53, 5 sagt: „Durch seine Wunden sind wir geheilt", dann sollten wir es fest glauben, daß wir nun, der Sünde abgestorben, der Gerechtigkeit leben dürfen. Wenn der Herr in Jesaja 43, 24 und 25 sagt:

> „Mir hast du Arbeit gemacht mit deinen Sünden und hast mir Mühe gemacht mit deinen Missetaten; ich, ich tilge deine Übertretungen um meinetwillen und gedenke deiner Sünden nicht",

dann sollten wir uns darauf verlassen, die Vergebung der Sünden glauben und uns nicht mit Werkgerechtigkeit abplagen.

Wenn der Herr (Jes. 43, 11) sagt:

> „Ich, ich bin der Herr, und ist außer mir kein Heiland",

dann sollten wir nicht immer wieder bei Menschen Hilfe suchen.

Wenn der Herr verspricht (Joh. 10, 27 ff):

> „Meine Schafe hören meine Stimme, und ich kenne sie; ... und ich gebe ihnen das ewige Leben, und sie werden nimmermehr umkommen",

dann sollten wir aller Furcht entsagen, auch der Todesfurcht, und uns der zukünftigen Herrlichkeit freuen.

Wenn der Herr verspricht, daß Er wiederkommt und Sein Reich zum Siege bringen wird, dann sollten wir als siegesgewisse Leute alle Drohungen Satans und der Welt geringachten.

Ja, die Verheißungen Gottes sind eine herrliche Kraft für Gottes Streiter.

Die Gemeinschaft

Der Herr verlangt viel von Gideon: Er soll ins Lager seiner mächtigen Feinde gehen. Aber Er gibt ihm zugleich eine innere Entlastung: *„Laß deinen Diener Pura mit dir hinabgehen zum Lager."* Hier sagt der Herr selber, daß die Begleitung eines Freundes, der mit uns im gleichen Heere kämpft, die Furcht vertreibt. Darum schickte der Herr Jesus Seine Jünger „je zwei und zwei" (Mark. 6, 7); darum mahnt uns der Hebräerbrief (10, 25): „Laßt uns nicht verlassen unsere Versammlungen, wie etliche pflegen."

Es war ein großer Abstand zwischen dem Feldherrn und seinem Waffenträger, so wie ein großer Abstand ist zwischen einem General und einer Ordonnanz. In der Gemeinde des Herrn aber gelten solche Unterschiede nicht mehr. Man steht in demselben Streit und dient demselben Herrn. Wer für den Herrn streiten will, der muß Gemeinschaft mit Brüdern suchen. Und er darf sich nicht befremden lassen, wenn er diese Gemeinschaft bei den Ärmsten und Schlichtesten findet.

Der heimgegangene Bankdirektor Bansa in Frankfurt am Main, der für das geistliche Leben dieser Stadt eine große Bedeutung hatte, erzählte einmal in einem Freundeskreis: „Als ich mein Abitur bestanden hatte, gab mir mein Vater eine große Geldsumme und sagte mir: Jetzt reise einmal durch alle großen Städte Europas und sieh dir die Welt an! — Ich freute mich mächtig auf diese Reise, wußte aber auch, daß auf dieser Reise viele Versuchungen auf mich warteten, die mich aus der Gemeinschaft mit dem Herrn Jesus, der mich früh zu sich gezogen hatte, herausbringen wollten. Ich beschloß darum, wo ich auch hinkäme, Gemeinschaft mit gläubigen Christen zu suchen. Ich habe auch überall solche gefunden. Am schwersten wurde es mir in Paris. Da wurde ich schließlich zu einem einfachen Schuhmacher gewiesen, der seine Werkstatt in einem Kellerraum hatte. Hier aber fand ich eine köstliche Gemeinschaft mit Brüdern."

Gideon und sein Diener Pura — der vornehme, reiche junge Mann und der arme Schuhmacher — es ist etwas Herrliches um die Gemeinschaft der Streiter Jesu Christi!

Der Einblick in die Furcht und Hoffnungslosigkeit der Feinde Gottes

Es war für Gideon ein schrecklicher und furchterregender Anblick: das riesige und gewaltige Heer der Midianiter, das uns in Vers 12 geschildert wird. Aber alle Furcht verschwindet, als Gideon das Gespräch der Wachen erlauscht.

Das ist immer das Wesen dieser Welt: Sie prahlt mit ihrer Größe und Macht. Aber innerlich ist sie voll Furcht und Hoffnungslosigkeit. „. . . wie sau'r er sich stellt, tut er uns doch nichts, das macht, er ist gericht't; ein Wörtlein kann ihn fällen."

11. EINE MERKWÜRDIGE SCHLACHT

Richter 7, 16—22. [16]*Und er teilte die dreihundert Mann in drei Haufen und gab einem jeglichen eine Posaune in seine Hand und leere Krüge und Fackeln darin* [17]*und sprach zu ihnen: Sehet auf mich und tut auch also; und siehe, wenn ich vor das Lager komme, wie ich tue, so tut ihr auch.* [18]*Wenn ich die Posaune blase und alle, die mit mir sind, so sollt ihr auch die Posaunen blasen ums ganze Heer und sprechen: Hie Herr und Gideon!* [19]*Also kam Gideon und hundert Mann mit ihm vor das Lager, zu Anfang der mittelsten Nachtwache, da sie eben die Wächter aufgestellt hatten, und bliesen mit Posaunen und zerschlugen* *die Krüge in ihren Händen. *²⁰*Also bliesen alle drei Haufen mit Posaunen und zerbrachen die Krüge. Sie hielten aber die Fackeln in ihrer linken Hand und die Posaunen in ihrer rechten Hand, daß sie bliesen, und riefen: Hie Schwert des Herrn und Gideons! *²¹*Und ein jeglicher stand auf seinem Ort um das Lager her. Da ward das ganze Heer laufend und schrien und flohen. *²²*Und indem die 300 Mann bliesen die Posaunen, schaffte der Herr ...*

Die beiden Heere

a) D a s G o t t e s h e e r. Es ist klein, sehr klein! Nur dreihundert Mann! Und doch, dies Heer siegt. Warum? Es hat keine Furcht, sondern Vertrauen. Es kämpft nicht auf menschlichen Befehl, sondern auf göttlichen Befehl. Es zieht nicht aus in seiner eigenen Kraft, sondern es weiß sich auf der Seite des Herrn.

> *„Nun weiß und glaub ich feste,*
> *Ich rühm's auch ohne Scheu,*
> *Daß Gott, der Höchst' und Beste,*
> *Mein Freund und Vater sei,*
> *Und daß in allen Fällen*
> *Er mir zur Rechten steh'*
> *Und dämpfe Sturm und Wellen*
> *Und was mir bringet Weh."*

Menschen, die mit Gott in Ordnung gekommen sind, sind für die Welt eine unheimliche Macht.

b) D a s a n t i c h r i s t l i c h e H e e r. Es ist unheimlich groß und stark (V. 12). Und doch — von Gott verlassen. Es hat keine Verheißung. Armes Heer!

Die Ausrüstung der beiden Heere

a) D a s G o t t e s h e e r. Nach Vers 16 bestand die Ausrüstung des Gottesheeres vor allen Dingen darin, daß jedermann eine Fackel trug. Die Fackel bringt Licht in die Nacht. Sie ist ein Symbol der Wahrheit.

Auch im neutestamentlichen Gottesheere, in der Gemeinde Jesu Christi, besteht die Ausrüstung der Kämpfer darin, daß sie die Fackel der Wahrheit tragen. In 2. Korinther 4, 2 sagt der Apostel: „Mit Offenbarung der Wahrheit beweisen wir uns wohl an aller Menschen Gewissen."

Auch ein Schwert tragen die Streiter Gottes. In Epheser 6, 17 erfahren wir, was für ein Schwert das ist, das die Gemeinde des Herrn wohl zu brauchen weiß:

> „Nehmet das Schwert des Geistes, welches ist das Wort Gottes."

Seltsam ist, daß jeder Kämpfer auch eine Posaune bekommt. Aus 1. Korinther 14, 8 hören wir, daß die Posaune ein Symbol ist für das Zeugnis der Gemeinde. Dort spricht Paulus davon, daß die Posaune der Gemeinde einen deutlichen Ton geben soll. So gehört also das Bekenntnis und Zeugnis der Gemeinde zu ihrer Ausrüstung. Die Gemeinde Jesu Christi hat nicht den Auftrag, mit der Welt zu diskutieren. Sie hat vielmehr den Auftrag, das Heil Gottes mit klarem Posaunenton zu bezeugen.

Eine Posaune ist es, nicht eine Schalmei; eine Kriegsposaune, nicht ein Kindertrompetchen. Es ist gar keine Frage, daß der Posaunenton den Midianitern auf die Nerven fiel, wie es keine Frage ist, daß ein klares Zeugnis von der Sünde und der Verlorenheit des Menschen und vom Heil Gottes in Christus den Menschen aller Zeiten auf die Nerven fällt. Aber danach hat die Gemeinde des Herrn nicht zu fragen. Sie hat dem Herrn gehorsam zu sein und die Posaunen zu blasen.

Es ist eigentlich unvorstellbar, daß jeder Kämpfer einen Krug, eine Posaune, eine Fackel und außerdem ein Schwert trug. Man meint, jeder Mann müsse wenigstens drei oder vier Hände gehabt haben, um mit all dem Gerät umgehen zu können. Doch gerade hieran wird uns deutlich, daß wir in diesem Text nicht irgendeinen Schlachtenbericht vor uns haben, sondern daß die geistlichen Schlachten des Volkes Gottes etwas grundsätzlich anderes sind als alle Kämpfe, die diese Welt führt.

b) Das antichristliche Heer. Es kämpft mit glänzenden Waffen. Die Waffen dieser Welt, mit denen sie gegen die Gemeinde des Herrn kämpft, sind immer glänzend. Wem sollten ihre Gelehrsamkeit, ihre Macht, ihre Beweise nicht Eindruck machen! Bei der Gemeinde des Herrn allerdings machen sie keinen Eindruck. Denn die Waffen des antichristlichen Heeres sind „fleischlich".

Als die freien Schweizer Bauern den österreichischen Ritterheeren gegenüberstanden, als sie sich mit ihren Sensen und Morgensternen wie verloren vorkamen vor den langen Speeren der österreichischen Ritter, da rief ein Anführer der Schweizer: „Schlagt ihnen auf die Speere! Sie sind hohl!" — So spricht auch die Gemeinde des Herrn von den fleischlichen Waffen der Welt, die sich über Gott und Seinen Christus erhebt. Fleischliche Waffen — die größte Macht, die glänzendste Begabung — brechen zusammen, wenn der Herr angreift.

Darum sagt Paulus (2. Kor. 10, 4 und 5):

> „Denn die Waffen unserer Ritterschaft sind nicht fleischlich, sondern mächtig vor Gott, zu zerstören Befestigungen; wir zerstören damit die Anschläge und alle Höhe, die sich erhebt wider die Erkenntnis Gottes, und nehmen gefangen alle Vernunft unter den Gehorsam Christi."

Wie der Sieg erfochten wird

a) Man folgt dem Feldherrn. *„Seht auf mich und tut auch also."* So sprach Gideon. Es ist uns, als hörten wir Jesus sprechen. Auch die neutestamentliche Gemeinde muß es so halten, daß sie im

Kampf auf ihren Gideon Jesus schaut und Ihm folgt. Petrus sagt (1. Petr. 2, 21): „Christus hat uns ein Vorbild gelassen, daß ihr sollt nachfolgen seinen Fußtapfen." Und der Herr selbst sagt (Matth. 16, 24):

> „Will mir jemand nachfolgen, der verleugne sich selbst und nehme sein Kreuz auf sich und folge mir."

b) Man macht ein frohes Getümmel (V. 19). Das mag ein schönes Lärmen gewesen sein, als das Heer Gottes die Krüge zerschlug! Das gab ein frohes Getümmel! Die ganze Apostelgeschichte ist voll davon, wie die Apostel die Welt mit dem Geschrei von Jesus erfüllten. Wenn wir doch nicht so vorsichtig wären! Der Herr selbst ruft uns zu (Matth. 10, 27):

> „Was ich euch sage in der Finsternis, das redet im Licht. Und was ihr hört in das Ohr, das predigt auf den Dächern!"

c) Man bekennt nur (V. 20 c). Es ist merkwürdig, daß die Schar der Gottesstreiter eigentlich gar nicht zum Kampfe kam. Ihr lautes Bekenntnis „Hie Schwert des Herrn und Gideons!" schlug die Feinde in die Flucht.

Mit seinem Bekenntnis griff Paulus erfolgreich die Welt der griechischen Kultur an. Durch ihr sieghaftes Zeugnis überwanden die ersten Christen die Macht Roms. Der Herr läßt Seine Schlachten schlagen durch Leute, die Seinen Namen und den Namen ihres Feldherrn Jesus bekennen und ausrufen.

d) Der Herr tut es (V. 22). „Und indem die dreihundert Mann bliesen, schaffte der Herr." Das war das Entscheidende. Der Herr tut es allein.

Wir müssen recht darauf achten, wie es zuging: Der Herr band Sein Tun an das Handeln des Gideon. Hätte Gideon nicht gehorcht, hätte der Herr wohl nichts getan. Als aber Gideon gehorsam war, tat der Herr alles.

Wir müssen nur die Kreuzesfahne hissen, wir müssen nur gehorsam sein und den Namen des Herrn bekennen, dann schlägt Gott die Schlacht, dann schafft der Herr den Sieg.

12. WIE SIEGE IM REICHE GOTTES ZUSTANDEKOMMEN

Richter 7, 22—25. [22]*Und indem die dreihundert Mann bliesen die Posaunen, schaffte der Herr, daß im ganzen Heer eines jeglichen Schwert wider den andern war. Und das Heer floh bis Beth-Sitta gen Zereda, bis an die Grenze von Abel Mehola bei Tabbath.* [23]*Und die Männer Israels von Naphthali, von Asser und vom ganzen Manasse wurden zuhauf gerufen und jagten den Midianitern nach.* [24]*Und Gideon sandte Botschaft auf das ganze Gebirge Ephraim und ließ sagen: Kommet herab, den Midianitern entgegen, und gewinnt das Wasser vor ihnen bis gen Beth-Bara und auch den Jordan. Da eilten zusammen alle, die von Ephraim waren, und gewannen das Wasser vor ihnen bis gen Beth-Bara und den Jordan* [25] *und fingen zwei Fürsten der Midianiter, Oreb und Seeb; und erwürgten Oreb auf dem Fels Oreb und Seeb in der Kelter Seeb und jagten die Midianiter und brachten die Häupter Orebs und Seebs zu Gideon über den Jordan.*

Ein paar Mann gehen glaubend voran

Aus dem Vers 22 hört man ordentlich das Verwundern des Berichterstatters: *„Und indem die dreihundert Mann . . ."* Nur dreihundert! Und doch bedeutet ihr Vorgehen den Anfang einer großen Bewegung.

Nur ein Jona ging nach Ninive. Und es erstand eine große Bewegung für Gott. — Nur zwölf Apostel zogen in die Welt. Und das Evangelium trat einen Siegeszug an. — Nur ein Luther trat auf im Glauben. Und es begann die größte Erweckungsgeschichte, die die Welt je gesehen hat, die Reformation.

Die innere Haltlosigkeit der Feinde Gottes wird offenbar

„Eines jeglichen Schwert war wider den andern." Nun stellt es sich heraus, wie kümmerlich es um die seltsame Einheit (Richter 6, 33) bestellt war.

O daß doch Gottes Volk sich nie von der Welt erschrecken ließe!

Gottes Volk ist geeint

Einmütigkeit im Volk Gottes und Siege Gottes gehören zusammen. Gott schenkte den großen Sieg an Pfingsten, als die Apostel mit der kleinen Schar der Jünger Jesu „einmütig beieinander waren" (Apostelgesch. 2, 1).

Es ist Jesu Wille, daß, die Ihm gehören, eins seien:

> „ . . . auf daß sie alle eins seien, gleich wie du, Vater, in mir und ich in dir; daß auch sie in uns eins seien, auf daß die Welt glaube, du habest mich gesandt" (Joh. 17, 21).

Die Einheit des Volkes Gottes ist nicht eine Frage der Organisation. Es ist töricht, wenn Menschen darüber jammern, daß es so vielerlei christliche Kreise, Gemeinschaften und Kirchengebilde gibt. Unser Gott liebt die Vielfalt. In der Schöpfungsgeschichte kommt immer das Wort vor: „Jedes nach seiner Art." So mag es auch in der Gemeinde des Herrn Vielfaltigkeit geben. Sie hat nicht eine organisatorische, sondern eine geistliche Einheit. Ihre Glieder gehören nicht organisatorisch, sondern im Heiligen Geiste zusammen.

Nicht Einheitlichkeit, sondern Einheit! Diese Einheit muß zwar manches Mal schwer erkämpft werden; aber die Glieder der Gemeinde Jesu müssen sich bei aller Verschiedenheit immer wieder darauf besinnen, daß sie dem Teufel zum Trotz und aller Verschiedenheit zum Trotz doch zusammengehören. S i e m ü s s e n e i n s s e i n i m H e r r n J e s u s.

Wie schwer ist es oft in der Christenheit, bei verschiedenem Lebensstil den gemeinsamen, köstlichen Goldgrund aufzufinden, der im gleichen Glauben erwächst und in gleicher Hoffnung erglänzt und in gleicher Liebe offenbar wird.

> *„Er das Haupt, wir seine Glieder,*
> *Er das Licht und wir der Schein.*
> *Er der Meister, wir die Brüder,*
> *Er ist unser, wir sind sein."*

Der Herr ist mit Seinem Heer

Es kommt zu keinem Siege, wenn man nicht völlig mit Gott in Ordnung gekommen ist, wenn nicht völliges Vertrauen vorhanden ist, wenn der Herr nicht zu uns reden kann und die Gemeinde zum Herrn rufen kann: „Abba, lieber Vater." Wo man aber den Frieden mit Gott hat in Jesus Christus, wo man glaubt und betet, da hat der Herr schon angefangen zu siegen.

13. EIN BÖSER STREIT

Richter 8, 1—3. [1]*Und die Männer von Ephraim sprachen zu ihm: Warum hast du uns das getan, daß du uns nicht riefst, da du in den Streit zogst wider die Midianiter? Und zankten mit ihm heftig.* [2]*Er aber sprach zu ihnen: Was habe ich jetzt getan, das eurer Tat gleich sei? Ist nicht die Nachlese Ephraims besser denn die ganze Weinernte Abiesers?* [3]*Gott hat die Fürsten der Midianiter, Oreb und Seeb, in eure Hände gegeben. Wie hätte ich können das tun, was ihr getan habt? Da er solches redete, ließ ihr Zorn von ihm ab.*

Wie er entstand

Vers 1 zeigt uns, daß Ephraims Stolz gekränkt ist. So fängt fast jeder Streit an, daß unser Ehrgeiz verletzt ist.

So kam es zu Satans Abfall von Gott: Sein Ehrgeiz litt es nicht, geringer zu sein als der Herr.

An gekränktem Ehrgeiz und dem daraus folgenden Streit ist schon manch feiner Kreis zugrunde gegangen. Unsere Empfindlichkeit ist ebenso lächerlich wie gefährlich, verderblich und teuflisch.

In Vers 3c lesen wir: *„Da ließ ihr Zorn von ihm ab."*

Der Streit wurde also glücklicherweise beigelegt. Es ist für uns alle wohl sehr lehrreich, wie das geschah. Denn nichts betrübt den Herrn so sehr wie ein Streit in Seiner Gemeinde. „Selig sind die Friedfertigen, denn sie werden Gottes Kinder heißen", sagt der Herr Jesus (Matth. 5, 9).

Wie er beigelegt wurde

a) Sie sprechen offen darüber mit Gideon (V. 1). Sie munkelten also nicht hinter dem Rücken des Gideon. Es ist arg, daß sogar in christlichen Kreisen so etwas immer wieder geschieht. Die Ephraimiten, die den Krach angefangen hatten, halfen zu seiner Beilegung selbst, indem sie ganz offen Gideon die Sache vorlegten. So muß man es machen: nicht den Gekränkten spielen, nicht hintenherum reden, sondern offen herausrücken mit der Sache.

b) Gideon bewies Geduld (V. 2). Wenn ein Pulverfaß einen Schlag bekommt, explodiert es. Einem Weinfaß dagegen entströmt, wenn es beschädigt wird, der feine Duft des Weines. Weltmenschen gleichen dem Pulverfaß; sie explodieren. Gideon bewies, daß der Geist Gottes in ihm sei: Denn als sie ihn mit Worten schlugen, war ihm das ein Anlaß, göttliche Geduld zu beweisen. Und der Wohlgeruch seines geistlichen Verhaltens adelte die Versammlung.

c) Gideon bewies Weisheit (V. 2 und 3). Gideon antwortete nicht so, wie sie ihn angefahren hatten. Auf ihre Scheltreden antwortete er zunächst mit einem Lob. So handelt die Weisheit von oben (Jakobus 1, 5 u. 6).

d) Gideon achtete die anderen höher als sich selbst (V. 2). Er stellte das Tun der Ephraimiten über seine eigene Leistung. Damit befolgte er den neutestamentlichen Rat von Philipper 2, 3:

> „Nichts tut durch Zank oder eitle Ehre; sondern durch Demut achte einer den andern höher denn sich selbst."

e) Er lenkte die Blicke auf Gottes Tat (V. 3). Gideon sagte, was der Herr getan hatte. Wie klein wurde da ihr törichtes Zanken darüber, wer dieses oder jenes tun durfte!

14. EIN GERICHTSTAG GOTTES

Richter 8, 4–21. ⁴*Da nun Gideon an den Jordan kam, ging er hinüber mit den dreihundert Mann, die bei ihm waren; die waren müde und jagten nach.* ⁵*Und er sprach zu den Leuten zu Sukkoth: Gebt doch dem Volk, das unter mir ist, etliche Brote; denn sie sind müde, daß ich nachjage den Königen der Midianiter, Sebah und Zalmuna.* ⁶*Aber die Obersten zu Sukkoth* sprachen: Sind die Fäuste Sebahs und Zalmunas schon in deinen Händen, daß wir deinem Heere sollen Brot geben? [7] Gideon sprach: Wohlan, wenn der Herr Sebah und Zalmuna in meine Hand gibt, will ich euer Fleisch mit Dornen aus der Wüste und mit Hecken zerdreschen. [8] Und er zog von da hinauf gen Pnuel, und redete auch also zu ihnen. Und die Leute antworteten ihm gleich wie die zu Sukkoth. [9] Und er sprach auch zu den Leuten zu Pnuel: Komme ich mit Frieden wieder, so will ich diesen Turm zerbrechen. [10] Sebah aber und Zalmuna waren zu Karkor und ihr Heer mit ihnen, bei fünfzehntausend, alle, die übriggeblieben waren vom ganzen Heer derer aus Morgenland; denn hundertundzwanzigtausend waren gefallen, die das Schwert ausziehen konnten. [11] Und Gideon zog hinauf auf der Straße derer, die in Hütten wohnen, gegen Morgen von Nobah und Jogbeha und schlug das Heer; denn das Heer war sicher. [12] Und Sebah und Zalmuna flohen; aber er jangte ihnen nach und fing die zwei Könige der Midianiter, Sebah und Zalmuna, und schreckte das ganze Heer. [13] Da nun Gideon, der Sohn des Joas, wiederkam vom Streit, ehe die Sonne heraufgekommen war, [14] fing er einen Knaben aus den Leuten zu Sukkoth und fragte ihn; der schrieb ihm auf die Obersten zu Sukkoth und ihre Ältesten, siebenundsiebzig Mann. [15] Und er kam zu den Leuten zu Sukkoth und sprach: Siehe, hier ist Sebah und Zalmuna, über welchen ihr meiner spottet und sprachet: Ist denn Sebahs und Zalmunas Faust schon in deinen Händen, daß wir deinen Leuten, die müde sind, Brot geben sollen? [16] Und er nahm die Ältesten der Stadt und Dornen aus der Wüste und Hecken und ließ es die Leute zu Sukkoth fühlen. [17] Und den Turm Pnuels zerbrach er und erwürgte die Leute der Stadt. [18] Und er sprach zu Sebah und Zalmuna: Wie waren die Männer, die ihr erwürgtet zu Thabor? Sie sprachen: Sie waren wie du, und ein jeglicher schön wie eines Königs Kinder. [19] Er aber sprach: Es sind meine Brüder, meiner Mutter Söhne, gewesen. So wahr der Herr lebt, wo ihr sie hättet leben lassen, wollte ich euch nicht erwürgen. [20] Und sprach zu seinem erstgeborenen Sohn, Jether: Stehe auf und erwürge sie! Aber der Knabe zog sein Schwert nicht; denn er fürchtete sich, weil er noch ein Knabe war. [21] Sebah aber und Zalmuna sprachen: Stehe du auf und mache dich an uns; denn danach der Mann ist, ist auch seine Kraft. Also stand Gideon auf und erwürgte Sebah und Zalmuna und nahm die Spangen, die an ihrer Kamele Hälsen waren.

Die Angeklagten

a)   Sebah und Zalmuna, die Midianiter-Könige (V. 5). Was war die Sünde dieser Könige? Weshalb sind sie angeklagt?

Ihre Sünde ist ihre Ichsucht. Es kam ihnen nur darauf an, ihre Macht zu steigern. Was kümmerte sie der Tod ihrer Soldaten! Was kümmerte sie die Not und der Jammer Israels! In Vers 18 und 19 hören wir, daß sie unbedenklich über Leichen gingen.

Weil sie gewaltige Könige waren, trug ihre Ichsucht so schreckliche Früchte. Aber auch wenn die Früchte weniger schrecklich sind: Die Anbetung des eigenen „Ich" steht immer unter der Anklage Gottes.

b) Sukkoth und Pnuel (V. 5—9). Ihre Sünde ist im Grunde dieselbe wie die Sebahs und Zalmunas: unbarmherzige Ichsucht. Nur mit dem Unterschied, daß die Könige etwas taten, was sie nicht tun sollten, die Leute von Sukkoth aber etwas unterließen, was sie hätten tun sollen. Nicht nur unser T u n, auch unser U n t e r l a s s e n kann unsere Unbarmherzigkeit und Ichsucht verraten und steht darum ebenso unter Gottes Anklage (vgl. Luk. 10, 31 u. 32).

c) Gemeinsam ist allen eine Sünde, die Gott ganz besonders ernst heimsuchen will: Sie haben sich an Seiner Gemeinde vergriffen. Das ist ein Gedanke, den die Bibel immer und immer wieder sagt, daß der Herr sich mit den Seinigen solidarisch erklärt. Als Saulus die Gemeinde verstört, tritt ihm der Herr bei Damaskus entgegen. Da könnten wir erwarten, daß der Herr ihn fragt: „Saul, Saul, was verfolgst du meine Leute?" So aber spricht der Herr nicht. Er sagt vielmehr: „Saul, Saul, was verfolgst du m i c h?"

Dasselbe finden wir in den Worten Jesu (Matth. 25, 31 ff), wo vom Gericht die Rede ist. Da werden die einen, die Ihn gar nicht kannten, doch zur Rechten gestellt, weil sie Ihn gespeist, gekleidet und besucht haben. Und als sie erstaunt fragen: „Wir kannten dich doch gar nicht und haben dich nie gesehen?", da antwortete Er ihnen: „Was ihr getan habt einem unter diesen meinen geringsten Brüdern, das habt ihr mir getan." — Und die andern werden hinausgetan und verworfen, weil sie den Brüdern Jesu und damit Ihm selbst diese Wohltaten verweigert haben. (Es ist falsch, wenn man das Gleichnis so auslegen wollte — wie es vielfach geschieht —, als ob hier der Herr jede gute Tat belohnen wollte. Dieses Gleichnis spricht ganz offen davon, wie die Welt sich zur Gemeinde des Herrn verhalten hat.) Gerade dies Gleichnis läßt uns die Sünde der Leute von Sukkoth und Pnuel recht verstehen. Sie sind am Heer Gottes schuldig geworden.

Sacharja 2, 12 lesen wir ein Wort des Herrn: „Wer euch antastet, der tastet seinen Augapfel an." Dazu müssen wir lesen 2. Könige 2, 23 ff, wo der Herr den Spott über Seinen Knecht Elisa richtet; und Richter 16, 30, wo der Herr sich zu Seinem Gesalbten Simson bekennt gegenüber den Hohen der Welt.

Der Herr erklärt sich mit den Seinen solidarisch. Was ihnen Gutes getan ist, ist Ihm getan. Was ihnen Böses zugefügt ist, ist Ihm zugefügt. Wir verstehen das recht, wenn wir das neutestamentliche Bild ins Auge fassen, in dem die Gemeinde Jesu mit einem Leibe verglichen wird (Eph. 4, 15 ff). Jesus Christus ist das Haupt. Alle, die Ihm gehören, sind Glieder Seines Leibes. — Wenn meine Hand verletzt wird, bin ich verletzt. Und so ist es mit dem Leibe Jesu Christi, der Gemeinde. Was den Geringsten Seiner Glieder getan wird, wird Ihm getan. Darum brach über Sebah und Zalmuna, über Pnuel und Sukkoth das furchtbare Gericht herein.

Das Gericht

O die falsche Sicherheit! Wie sicher fühlte sich Sukkoth, als es höhnend dem Gideon antwortete (V. 6)! Wie stark fühlte sich Pnuel mit seinem Turm (V. 9)! Wie sicher fühlten sich Sebah und Zalmuna (V. 11 c): *„Denn das Heer war sicher!"* Sie glaubten nicht daran, daß Gott ihre Sünde sehen und heimsuchen würde. Doch „Gottes Mühlen mahlen langsam, mahlen aber trefflich fein." Gott sucht ihre Sünde heim. Vgl. Psalm 73, 17 ff.

Wie ernst ist das! Laßt uns nicht meinen, es könnte über unser Unrecht Gras wachsen. Es gibt eine Auferstehung der Sünden am letzten großen Gerichtstag Gottes. Es gibt nur eines, was uns dem entfliehen läßt: die Reinigung von unseren Sünden im Blute Jesu.

15. EIN TRAURIGES ENDE

Richter 8, 22—27: [22] *Da sprachen zu Gideon etliche in Israel: Sei Herr über uns, du und dein Sohn und deines Sohnes Sohn, weil du uns von der Midianiter Hand erlöst hast.* [23] *Aber Gideon sprach zu ihnen: Ich will nicht Herr sein über euch, und mein Sohn soll auch nicht Herr über euch sein, sondern der Herr soll Herr über euch sein.* [24] *Gideon aber sprach zu ihnen: Eins begehre ich von euch: ein jeglicher gebe mir die Stirnbänder, die er geraubt hat (denn weil es Ismaeliter waren, hatten sie goldene Stirnbänder).* [25] *Sie sprachen: Die wollen wir geben; und breiteten ein Kleid aus, und ein jeglicher warf die Stirnbänder darauf, die er geraubt hatte.* [26] *Und die goldenen Stirnbänder, die er forderte, machten am Gewichte tausendsiebenhundert Lot Gold, ohne die Spangen und Ketten und Purpurkleider, die der Midianiter Könige tragen, und ohne die Halsbänder ihrer Kamele.* [27] *Und Gideon machte einen Leibrock daraus und setzte ihn in seine Stadt zu Ophra. Und ganz Israel trieb damit Abgötterei daselbst, und er geriet Gideon und seinem Hause zum Fall.*

Wie schön wäre es, wenn dieser letzte Abschnitt nicht in der Bibel stände! Aber nun steht er da. Wir müssen ihn ansehen. Er steht da als großes und ernstes Warnungssignal für alle die, die Gott einmal gesegnet hat.

Ein schöner Sieg

„Sei du Herr über uns", sagt Israel zu Gideon. Wie verlockend war dies Angebot. Der arme Bauernsohn soll König werden. Dazu lesen wir Matthäus 4, 8 und 9 und sehen, daß uns der Teufel gerne auf diese Weise versucht.

Menschlich gesprochen wäre es berechtigt gewesen, wenn Gideon „ja" gesagt hätte. Aber er denkt göttlich. Seine Antwort ist wundervoll: *„Der Herr soll Herr sein über euch."*

Hätte er doch dies Wort auch in seinem Leben ganz gelten lassen! Aber alsbald nach diesem Sieg räumte er einem andern die Herrschaft über sich ein, dem Golde.

Nicht ohne Grund warnt Jesus so ernst: „Ihr könnt nicht Gott dienen und dem Mammon" (Matth. 6, 19 ff).

Der Teufel ruht nicht. Und was ist die Folge davon? Es kommen:

Zweite Versuchung und Fall

a) **Eine Kleinigkeit.** Nur *eines* (V. 24) wünscht sich Gideon. Eine Kleinigkeit! Und doch — eine Lücke in der Front, durch die die feindliche Macht einbricht, eine kleine Blutvergiftung, die den Tod der Seele nach sich zieht. Die Sache ist „an sich" gar keine Sünde. Und doch ist sie für Gideon der Anfang vom Ende.

b) **Die Entwicklung** (V. 26). Die Summe des Goldes ist größer, als man dachte. Aus Vers 26 spricht das Erstaunen über die Menge des Goldes. Was soll man damit machen?

Aus dem Überlegen wird ein beständiges Spiel der Gedanken und der Phantasie. Die Gedanken sind nicht frei, sie gewinnen Macht über uns. Durch die Gedanken bekommt das Gold Macht über Gideon. Und von dem Augenblick an bestimmt nicht mehr der Herr, sondern das Gold den Weg des Gideon.

c) **Der Abfall** (V. 27). Gideon macht ein Götzenbild. Er, der den Götzen in seines Vaters Haus stürzte! Wie rasch ist das Unkraut in seinem Herzen gewachsen!

Man erzählt, daß Leonardo da Vinci, als er sein berühmtes Abendmahlsbild malte, einen besonders edel aussehenden Menschen als Modell für seinen Christus nahm. Nach einem Jahr fand er denselben Mann durch die Sünde so verändert, daß er ihn als Modell für seinen Judas nehmen konnte.

d) **Der Verführer** (V. 27 b). Der Herr Jesus sagt (Matth. 12, 43—45), daß nach einem Rückfall die Sünde viel ärgere Formen annimmt. Früher hatte Gideon **heimlich** einen Baal in seinem Hause. Jetzt ist sein Götzenbild ein **öffentliches** geworden. Israel versündigt sich daran. Er, der Israel befreit hat, verdirbt es nun. Wie oft kommt es vor, daß Menschen, die einmal ein Segen waren, besondere Seelenverderber werden, nachdem sie gefallen sind. Da gilt dann Jesu hartes Wort, das uns Matthäus 18, 6 überliefert ist.

Im Blick auf dies furchtbare Ende des Gideon möchte man mit den Jüngern fragen (Matth. 19, 25): „Wer kann denn selig werden?" Darauf hat der Herr Jesus geantwortet: „Bei den Menschen ist's unmöglich; aber bei Gott sind alle Dinge möglich." Es ist S e i n Werk. Wir werden am Ende bekennen müssen: „Er hat uns hindurchgebracht, Er allein!"

Aber auch darum steht dies Ende in der Bibel geschrieben, damit wir es lernen, uns ganz zu bekehren, das Unkraut mit der Wurzel auszureißen und beständig mit dem Herrn in Verbindung zu bleiben. Immer wieder mahnt uns Gottes Wort: „Wachet...!" Und 1. Petrus 5, 8 f lesen wir:

> „Seid nüchtern und wachet; denn euer Widersacher, der Teufel, geht umher wie ein brüllender Löwe und sucht, welchen er verschlinge. Dem widerstehet, fest im Glauben."

Und sollten wir gefallen sein, dann wollen wir uns nicht — wie Judas — vom Herrn trennen lassen. Dann dürfen wir erst recht Sein Angesicht suchen, damit Seine Gnade am Ende doch den Sieg behalte und wir einmal mit Paulus (2. Tim. 4, 7 u. 8) sprechen können:

> „Ich habe einen guten Kampf gekämpft, ich habe den Lauf vollendet, ich habe Glauben gehalten; hinfort ist mir beigelegt die Krone der Gerechtigkeit, welche mir der Herr an jenem Tage, der gerechte Richter, geben wird, nicht mir aber allein, sondern auch allen, die seine Erscheinung liebhaben."

Und so jemand auch kämpft, wird er doch nicht gekrönt, er kämpfe denn recht (2. Tim. 2, 5).

Markus

Er ist es wert, dieser Johannes Markus, daß wir uns mit ihm beschäftigen. Denn er hat für die Christenheit eine ganz besondere Bedeutung bekommen. Er ist der Verfasser des zweiten Evangeliums.

Allerdings, so ganz einfach ist es nicht, die Geschichte des Johannes Markus darzustellen. Wir finden nirgendwo in der Bibel eine zusammenhängende Lebensbeschreibung dieses Mannes. Aber wenn wir den einzelnen Notizen und Bemerkungen dort nachgehen, entrollt sich uns ein Bild, das uns sehr viel zu sagen hat.

1. EIN NÄCHTLICHER SCHRECKEN

Markus 14, 50—52:

„Und die Jünger verließen ihn alle und flohen.

Und es war ein Jüngling, der folgte ihm nach, der war mit Leinwand bekleidet auf der bloßen Haut; und die Jünglinge griffen ihn.

Er aber ließ die Leinwand fahren und floh bloß von ihnen."

Eine kleine Randepisode in einem großen Geschehen! Eine fast komisch wirkende Geschichte mitten in dem erschütternden Drama von Gethsemane und Golgatha!

Keiner der anderen Evangelisten erwähnte diese Geschichte. Auch Lukas nicht, der doch alles zusammentragen wollte, was wichtig war.

Wer wußte denn überhaupt von dem Erlebnis? Nur die Soldaten und der Jüngling selbst. Den Soldaten war es belanglos. Sie hatten es sofort wieder vergessen. Ihnen war die Sache ein roher Soldatenspaß. Wichtig und eindrücklich war dies Erlebnis nur dem jungen Manne selbst. So können wir annehmen, daß Markus selbst dieser Jüngling war. Als er später sein Evangelium schrieb, konnte er über sein eigenes Erlebnis nicht schweigen.

Was Markus lernt

a) Die Hoheit Jesu

Die Geschichte war wohl so, daß Johannes Markus in der Nähe des Ölbergs wohnte. Vielleicht grenzte das Haus seiner Mutter an den Garten Gethsemane. Nun wird er nachts im Schlafe aufgeschreckt durch Waffenklirren, Männerstimmen und Fackelschein. Neugierig steigt er aus dem Bett und läuft aus dem Hause, um zu sehen, was es gibt. Vielleicht ist er gar aus dem Fenster gestiegen, um niemanden im schlafenden Haus zu stören. Er lief, wie er war, im Nachtgewand herzu. Er dachte wohl: „In der dunklen Nacht sieht mich doch keiner."

Aber nun wird er mehr in die Sache verwickelt, als er selber annahm. Wir lesen: *„Die Jünger verließen ihn alle und flohen. Und es war ein Jüngling, der folgte ihm nach."*

Jesus zog ihn in Seinen Bann. Markus wurde fast wider Willen mitgerissen, daß er seine ungenügende Bekleidung vergaß.

Wie kam das? Vielleicht war er Zeuge dessen, was im Garten Gethsemane vorher geschehen war. Gerade hier, wo Jesus den tiefsten Weg der Erniedrigung begann, brach noch einmal Seine herrliche Hoheit hervor. Davon berichtet namentlich das Johannesevangelium:

„Wie nun Jesus wußte alles, was ihm begegnen sollte, ging er hinaus und sprach zu ihnen: Wen suchet ihr?

Sie antworteten ihm: Jesum von Nazareth. Jesus spricht zu ihnen: Ich bin's! Judas aber, der ihn verriet, stand auch bei ihnen.

Als nun Jesus zu ihnen sprach: Ich bin's! wichen sie zurück und fielen zu Boden.

Da fragte er sie abermals: Wen suchet ihr? Sie aber sprachen: Jesum von Nazareth.

Jesus antwortete: Ich habe es euch gesagt, daß ich es sei. Suchet ihr denn mich, so lasset diese gehen.

(Auf daß das Wort erfüllet würde, welches er sagte: Ich habe der keinen verloren, die du mir gegeben hast.)" (Joh. 18, 4—9.)

Vielleicht hat Markus diesen Schrecken der Kriegsknechte vor der Hoheit Jesu schon miterlebt. Doch das ist nicht sicher, weil damit erst der Lärm begann, der den Markus aufweckte.

Wahrscheinlich aber hat er es miterlebt, wie Petrus sein Schwert zog und dem Malchus das Ohr abhieb. Welchen Eindruck muß es auf das empfängliche Gemüt des Jünglings gemacht haben, als er hörte, wie Jesus dem Petrus dies fleischliche Wesen verwehrte, — als er sah, wie Jesus Seinen Feind heilte!

Welchen Eindruck muß es auf ihn gemacht haben, als Jesus in königlicher Ruhe den Häschern sagte:

„Ihr seid ausgegangen wie zu einem Mörder, mit Schwertern und mit Stangen, mich zu fangen.

Ich bin täglich bei euch im Tempel gewesen und habe gelehrt, und ihr habt mich nicht gegriffen; aber auf daß die Schrift erfüllet werde" (Mark. 14, 48 u. 49).

O ja, die Gestalt Jesu kann ein jugendliches Herz begeistern und entflammen! Und als der Jüngling nun gar sah, daß die Jünger flohen, da war es ihm, als müsse er an ihre Stelle treten, daß es jetzt von ihm heißt, wie es früher von Petrus hieß: *„Und er folgte ihm nach."*

Johannes Markus lernt die Hoheit Jesu kennen. Jesus beweist sich hier als „eine feste Burg". Eine solche „feste Burg", die von den Geschossen der Belagerer nicht verwirrt oder zerstört wird, sondern ihrerseits die Belagerer trifft oder verwirrt. Wenn wir erlebten, was Jesus durchmachte — wir würden verwirrt und bestürzt. Wie ganz anders Jesus! Er bleibt ruhig in dem Willen Gottes. „Daß die Schrift erfüllet würde." Aber Er schießt Seinerseits die Pfeile in die Gewissen Seiner Feinde.

b) Wer zu Jesus kommt, kommt in eine Gefahrenzone

„Aber dies ist eure Stunde und die Macht der Finsternis" (Luk. 22, 53).

Die Welt tut dauernd, als sei zwischen Gott und ihr alles in Ordnung. Daß aber nichts in Ordnung ist, wird daran sichtbar, daß sie den haßt, den Gott gesandt hat: Jesus Christus.

In einer weltlichen Gesellschaft kam das Gespräch auf religiöse Dinge. Munter sprudelte das Bächlein der Unterhaltung. Gewiß, man konnte sich auch über Gott unterhalten, wenn es sein mußte. Da man den lebendigen Gott ja nicht kannte, war das eine ungefährliche Sache. Und alles ging gut, bis auf einmal einer den Namen „Jesus" nannte. Mit einem Schlage war die Situation verändert. Es fielen spöttische und gehässige Worte, und plötzlich brachen die Gäste auf.

Die Welt würde am liebsten das tun, was die Kriegsknechte taten: Jesus wegschaffen. Weil für die Welt aber der auferstandene und erhöhte Herr nicht faßbar und greifbar ist, darum hält sie sich an Seine Nachfolger. Das ist ganz verständlich von der Welt. Denn die Gläubigen sind ja der Leib Jesu Christi.

Jünger Jesu sollten das begreifen. Darum sagt der Apostel Petrus:

„Ihr Lieben, lasset euch die Hitze, so euch begegnet, nicht befremden (die euch widerfährt, daß ihr versucht werdet), als widerführe euch etwas Seltsames,

sondern freuet euch, daß ihr mit Christo leidet, auf daß ihr auch zur Zeit der Offenbarung seiner Herrlichkeit Freude und Wonne haben möget" (1. Petr. 4, 12 u. 13).

Auch der Johannes Markus hat das erleben müssen. Er war ausgezogen, um als unbeteiligter Zuschauer ein kleines Abenteuer zu erleben. Und plötzlich war er selbst in Gefahr. Er hat es in seinem späteren Leben noch reichlich erfahren müssen, daß es kein Kinderspiel ist, mit Jesus zu gehen. Darum hat der Herr Jesus selbst Seine Jünger gewarnt und sie angewiesen, es sich gut zu überlegen, ob Er ihnen den Einsatz des Lebens wert sei.

„Wer nicht sein Kreuz trägt und mir nachfolgt, der kann nicht mein Jünger sein. Wer ist aber unter euch, der einen Turm bauen will, und sitzt nicht zuvor und überschlägt die Kosten, ob er's habe, hinauszuführen?

Auf daß nicht, wo er den Grund gelegt hat und kann's nicht hinausführen, alle, die es sehen, fangen an, sein zu spotten

und sagen: Dieser Mensch hob an zu bauen und kann's nicht hinausführen.

Oder welcher König will sich begeben in einen Streit wider einen andern König und sitzt nicht zuvor und ratschlagt, ob er könne mit zehntausend begegnen dem, der über ihn kommt mit zwanzigtausend?

Wo nicht, so schickt er Botschaft, wenn jener noch ferne ist, und bittet um Frieden.

Also auch ein jeglicher unter euch, der nicht absagt allem, was er hat, kann nicht mein Jünger sein" (Luk. 14, 27—33).

c) Es gibt Jesus gegenüber keine unbeteiligten Zuschauer

Das hat Markus schnell merken müssen. Er hatte ja nur Zuschauer sein wollen. Und auf einmal war er in die Sache mehr verwickelt, als ihm lieb war. Schon durch sein Nachfolgen war er hineingezogen worden in die Sache Jesu. Und als der Kriegsknecht nach ihm griff, wurde er gewissermaßen von der Welt gefragt, ob er es denn mit seiner Nachfolge ernst meine und wie er es denn halten wolle mit diesem Jesus.

In dieser Stunde ist Markus der Entscheidung ausgewichen. Aber als er nackt davonlief, ähnelte er doch verzweifelt einem Menschen, der sich gegen Jesus entschieden hat und Ihm den Rücken dreht. Er war noch nicht bereit, Jesus das Kreuz nachzutragen. Das war eine gefährliche Vorentscheidung. Und wenn der Herr Jesus nicht so barmherzig uns nachginge, wäre für uns die Geschichte des Johannes Markus wohl schon zu Ende. Aber der Herr Jesus hat auch dies Schäflein gesucht. Er hat nicht geruht, bis aus diesem fliehenden Jüngling ein starker Streiter Jesu Christi wurde.

Wie wir den Markus kennenlernen

a) Abenteuerlustig

Es hielt den jungen Menschen nicht mehr auf seinem Lager, als er hörte, daß da draußen „etwas los war". Das war ihm eine angenehme Unterbrechung seines Alltags. Hier konnte man etwas erleben.

Doch diese Lust zu Abenteuern reicht nicht aus, um Jesus nachzufolgen. Ich habe manchen Jungen gekannt, der in seiner Jugend Missionar werden wollte. Aber als es dann wirklich an ihn herankam, sein Leben für den Herrn Jesus einzusetzen, überlegte er es sich anders. Es laufen manche behäbige und satte Leute in unserem Vaterlande herum, die ein lebendiges Zeugnis dafür sind, daß Abenteuerlust nicht ausreicht für ein Leben mit Jesus.

Von einem jungbekehrten Manne hörte ich einmal den Satz: „Ein Leben mit Jesus ist ein großes Abenteuer. Ich bin gespannt, was ich noch alles mit Ihm erleben werde." Man kann das sogar gedruckt lesen. Trotzdem bleibt es eine bedenkliche Sache.

b) Rasch begeistert

Der Johannes Markus hatte ein rasch entzündliches Gemüt. Die hoheitsvolle Gestalt Jesu ergriff und begeisterte ihn. *„Er folgte ihm nach."* Das ist ein liebliches Bild: ein junger Mann, der, von Jesus gefesselt, Ihm nachfolgt. Dies Bild ist besonders lieblich darum, weil es in dem Vers vorher gerade heißt: *„Da verließen ihn alle Jünger und flohen."*

Aber das liebliche Bild ist schnell zu Ende. Als die Sache gefährlich wurde, war Johannes Markus sofort ernüchtert.

Begeisterung macht es nicht. Jedenfalls im Reiche Gottes nicht. Begeisterung ist ein Rausch. Gott aber will nüchterne Leute. Es war gut, daß dieser Johannes Markus später in die Schule des Petrus geriet. Dieser Petrus hat in seinem ersten Brief dreimal zur Nüchternheit gemahnt. Petrus hat es ja selber lernen müssen — und hat es gerade im Garten Gethsemane gelernt —, wie wenig Begeisterung im Reiche Gottes taugt.

Wieviel Enttäuschungen gibt es, weil man ein geistliches Strohfeuer für eine Wiedergeburt hält! Wie oft sind Menschen in Evangelisationen und Freizeiten entflammt worden für Jesus, daß sie die Welt für Ihn aus den Angeln heben wollten! Und kurz nachher waren sie Ihm ferner als zuvor.

Wie war das alttestamentliche Volk Gottes begeistert, als es nach dem Durchzug durch das Rote Meer seine Loblieder sang! Aber kurz nachher war es doch wieder murrend und ungläubig.

Am Anfang alles geistlichen Lebens steht nicht Begeisterung, sondern — Buße. Buße aber und Beugung vor Gott ist das nüchternste Geschäft, das sich denken läßt.

Darum war es hier noch nichts mit Johannes Markus.

c) Schnell ernüchtert

Das hängt ja eng mit dem vorigen zusammen. Aber es gehört zu dem Charakterbild des Johannes Markus wie zu dem aller leicht entzündlichen und empfindsamen Gemüter.

Mit Begeisterung ist Johannes Markus später mit Paulus auf seine Missionsreisen gezogen. Aber ebenso rasch ist er auch wieder umgekehrt.

Es ist eine gute Sache, wenn ein Herz aus diesem Zustand herauskommt. Das geschieht am besten dadurch, daß man im Worte Gottes gegründet ist. Dann macht man sich keine falschen Vorstellungen mehr über sich selbst und über die gefallene Welt. Dann erlebt man keine Ernüchterungen mehr, weil man schon ernüchtert ist durch den Geist Gottes. Und wenn das Herz all seine Hoffnung auf die Gnade setzt, die uns angeboten wird in Jesus Christus, hat es einen

Felsengrund gefunden, auf dem es nicht enttäuscht wird. Darum sagt der Hebräerbrief:

„Es ist ein köstlich Ding, daß das Herz fest werde, welches geschieht durch Gnade" (Hebr. 13, 9).

2. EIN GESEGNETES HAUS

Apostelgeschichte 12, 1—17:

„Um diese Zeit legte der König Herodes die Hände an etliche von der Gemeinde, sie zu peinigen.

Er tötete aber Jakobus, den Bruder des Johannes, mit dem Schwert.

Und da er sah, daß es den Juden gefiel, fuhr er fort und fing Petrus auch. Es waren aber eben die Tage der süßen Brote.

Da er ihn nun griff, legte er ihn ins Gefängnis und überantwortete ihn vier Rotten, je von vier Kriegsknechten, ihn zu bewahren, und gedachte, ihn nach Ostern dem Volk vorzustellen.

Und Petrus ward zwar im Gefängnis gehalten; aber die Gemeinde betete ohne Aufhören für ihn zu Gott.

Und da ihn Herodes wollte vorstellen, in derselben Nacht schlief Petrus zwischen zwei Kriegsknechten, gebunden mit zwei Ketten, und die Hüter vor der Tür hüteten das Gefängnis.

Und siehe, der Engel des Herrn kam daher, und ein Licht schien in dem Gemach; und er schlug Petrus an die Seite und weckte ihn und sprach: Stehe behende auf! Und die Ketten fielen ihm von seinen Händen.

Und der Engel sprach zu ihm: Gürte dich und tue deine Schuhe an! Und er tat also. Und er sprach zu ihm: Wirf deinen Mantel um dich und folge mir nach!

Und er ging hinaus und folgte ihm und wußte nicht, daß ihm wahrhaftig solches geschähe durch den Engel; sondern es deuchte ihn, er sähe ein Gesicht.

Sie gingen aber durch die erste und andere Hut und kamen zu der eisernen Tür, welche zur Stadt führt; die tat sich ihnen von selber auf. Und sie traten hinaus und gingen hin eine Gasse lang; und alsobald schied der Engel von ihm.

Und da Petrus zu sich selber kam, sprach er: Nun weiß ich wahrhaftig, daß der Herr seinen Engel gesandt hat und mich errettet aus der Hand des Herodes und von allem Warten des jüdischen Volkes.

Und als er sich besann, kam er vor das Haus Marias, der Mutter des Johannes, der mit Zunamen Markus hieß, da viele beieinander waren und beteten.

Als aber Petrus an die Tür des Tores klopfte, trat hervor eine Magd, zu horchen, mit Namen Rhode.

Und als sie des Petrus Stimme erkannte, tat sie das Tor nicht auf vor Freuden, lief aber hinein und verkündigte es ihnen, Petrus stünde vor dem Tor.

Sie aber sprachen zu ihr: Du bist unsinnig. Sie aber bestand darauf, es wäre also. Sie sprachen: Es ist ein Engel.

Petrus aber klopfte weiter an. Da sie aber auftaten, sahen sie ihn und entsetzten sich. Er aber winkte ihnen mit der Hand, zu schweigen, und erzählte ihnen, wie ihn der Herr hatte aus dem Gefängnis geführt, und sprach: Verkündigt dies Jakobus und den Brüdern. Und ging hinaus und zog an einen anderen Ort."

Was wir über die Jugend des Markus erfahren

a) Er ist der Sohn einer reichen Mutter

Der Vater war offenbar tot. Von ihm ist nirgendwo die Rede. Es wird gesagt, daß das Haus „Maria, der Mutter des Markus", gehörte. Es muß ein großes und geräumiges Haus gewesen sein; denn wir hören, daß ein Teil der Gemeinde sich dort zum Gebet versammelte. Wir treffen auch eine Magd an, die Rhode. Wenn wir dann dazurechnen, daß Johannes Markus später niemals durch einen Beruf gehindert war, an den Missionsreisen teilzunehmen, so können wir voraussetzen, daß dieser Johannes Markus in einem wohlhabenden und vermögenden Hause aufwuchs.

Sohn einer Witwe — Sohn eines reichen Hauses: Ich glaube, jetzt kann sich jeder vorstellen, wie die Jugend dieses jungen Mannes aussah. Sicher hatte er ein sehr bequemes Leben ohne große Kämpfe und ohne große Sorgen.

Man könnte den Johannes Markus darum beneiden. Und doch tun wir es besser nicht. Gottes Wort hat so viele ernste Hinweise darauf, daß solch ein glatter und bequemer Lebensweg eine große Belastung ist für das Seligwerden.

„Es ist ein köstlich Ding einem Mann, daß er das Joch in seiner Jugend trage" (Klagelieder 3, 27).

„Jesus aber sprach zu seinen Jüngern: Wahrlich, ich sage euch: Ein Reicher wird schwer ins Himmelreich kommen. Und weiter sage ich euch: Es ist leichter, daß ein Kamel durch ein Nadelöhr gehe, denn daß ein Reicher ins Reich Gottes komme. Da das seine Jünger hörten, entsetzten sie sich sehr und sprachen: Ja, wer kann denn selig werden?" (Matth. 19, 23 ff).

„Ein Reicher rühme sich nicht seines Reichtums" (Jer. 9, 22).

„Die da reich werden wollen, die fallen in Versuchung und Stricke und viel törichte und schädliche Lüste, welche versenken die Menschen ins Verderben" (1. Tim. 6, 9).

„Wohlan nun, ihr Reichen, weinet und heulet über euer Elend, das über euch kommen wird" (Jakobus 5, 1).

Immer wieder warnt die Bibel vor dem „irdischen Sinn". Tersteegen singt:

> „Man muß wie Pilger wandeln,
> Frei, bloß und wahrlich leer;
> Viel sammeln, halten, handeln
> Macht unsern Gang nur schwer.
> Wer will, der trag' sich tot;
> Wir reisen abgeschieden,
> Mit wenigem zufrieden;
> Wir brauchen's nur zur Not."

Aus dieser unbeschwerten, bequemen Jugend ist vielleicht die empfindsame Charakteranlage des Johannes Markus zu erklären. Er hat jedenfalls später im Leben recht mit sich zu kämpfen gehabt und durch viele schwere Führungen gehen müssen, bis aus dem verwöhnten jungen Mann einer wurde, der „dem Herrn Jesus das Kreuz nachträgt".

b) Er ist der Sohn eines christlichen Hauses

Im Hause seiner Mutter Maria versammelt sich die Gemeinde zum Gebet. Die Maria spielt also sicher eine bedeutende Rolle in der ersten Gemeinde. Da diese Geschichte uns ja noch in die ersten Anfänge der christlichen Gemeinde führt, muß Maria, die Mutter des Johannes Markus, schon sehr früh eine Jüngerin Jesu geworden sein. Markus wuchs also in einer „christlichen Luft" heran. In seinem Elternhaus wurde gebetet. In seinem Elternhaus gingen die Zeugen Christi aus und ein. Hier hörte man das Wort Gottes.

Das war nun ein ganz besonderes Vorrecht, das der Johannes Markus genießen durfte. Es ist ein köstliches Geschenk, wenn man seine Jugend verleben darf in einem Hause, von dem es heißt:

> „O selig Haus, wo man dich aufgenommen,
> Du wahrer Seelenfreund, Herr Jesu Christ;
> Wo unter allen Gästen, die da kommen,
> Du der gefeiertste und liebste bist."

Das gibt eine herrliche und sonnige Jugendzeit, wenn man in einem Hause heranwächst, in dem die Früchte des Heiligen Geistes zu finden sind: „Liebe, Freude, Friede, Geduld, Freundlichkeit, Gütigkeit, Glaube, Sanftmut, Keuschheit" (Galater 5, 22).

Wer in einem christlichen Elternhaus heranwächst, trägt allerdings auch eine ganz besondere Verantwortung. Der Herr Jesus sagt: „Welchem viel gegeben ist, bei dem wird man viel suchen" (Luk. 12, 48). So ein christliches Elternhaus gibt seinen Kindern ein Erbe mit, über das sie einmal vor Gottes Angesicht Rechenschaft ablegen müssen.

Allerdings birgt ein christliches Elternhaus — das wissen alle Christen, die in einem solchen Hause aufgewachsen sind — für das innere Leben auch gewisse Gefahren. Nicht umsonst sagt der Volksmund: „Pfarrers Kinder, Müllers Vieh / geraten selten oder nie."

Solch ein junges Menschenkind hört tagaus und tagein das Wort Gottes. Dies wird ihm eine gewisse Selbstverständlichkeit. Ja, es hält sich schließlich selber für christlich, weil es im Strom des christlichen Lebens mitschwimmt. Aber es ist bei ihm nie zu einer selbständigen Erfassung und zu einer Wiedergeburt gekommen. Wenn so ein junger Mensch dann ins Leben hinaustritt, fällt die christliche Tünche schnell ab, und es kommen die großen Enttäuschungen. Eltern können eben ihren Christenstand nicht vererben wie ein Möbelstück. Das Heil Gottes in Jesus Christus muß von jedem einzelnen neu ergriffen werden. Auch Kinder aus christlichen Elternhäusern müssen sich bekehren.

Das hat Johannes Markus erfahren müssen.

Was Johannes Markus lernt

a) Jesus verwandelt die Menschen

Wir haben in einem früheren Abschnitt gehört: Johannes Markus war Zeuge, als im Garten Gethsemane die Jünger den Herrn Jesus verließen und flohen. Vielleicht hat er es mit Empörung gesehen, wie der Petrus sein Schwert in die Scheide steckte und davonlief.

In jener Nachtstunde, von der unser Bibelwort erzählt, sieht Johannes Markus den Petrus wieder. Ja, er hat ihn seit dem Pfingsttag sicher häufig im Hause seiner Mutter getroffen. Der Petrus hätte sich nach seiner Befreiung nicht sofort zum Haus der Maria begeben, wenn er nicht oft hier mit den Gläubigen zusammen gewesen wäre. Er kannte dies Haus und wußte, daß man die Gemeinde dort fand.

Welche Veränderung war mit dem Petrus, den der Johannes Markus hierbei kennenlernte, vorgegangen! Dieser Petrus war nicht mehr ein furchtsamer Verleugner, sondern ein tapferer, offener Zeuge seines Herrn.

Dieser Petrus stand nicht mehr verständnislos vor dem Kreuze Jesu (Matth. 16, 22 f). Er sprach vielmehr:

> „Und wisset, daß ihr nicht mit vergänglichem Silber oder Gold erlöst seid von eurem eitlen Wandel nach väterlicher Weise,
>
> sondern mit dem teuren Blut Christi als eines unschuldigen und unbefleckten Lammes,
>
> welcher unsre Sünden selbst hinaufgetragen hat an seinem Leibe auf das Holz, auf daß wir, der Sünde abgestorben, der Gerechtigkeit

leben; durch welches Wunden ihr seid heil geworden" (1. Petr. 1, 18 u. 19, 2, 24).

Dieser Petrus fürchtete nicht mehr die Schmach Christi, er sah in ihr vielmehr eine Ehre (Apostelgesch. 5, 41).

Dieser Petrus wollte der Sache des Reiches Gottes nicht mehr in fleischlicher Weise aufhelfen wie in Gethsemane. Er kämpfte mit den geistlichen Waffen des Wortes in Vollmacht.

Ganz gewiß hat der Johannes Markus oft den Petrus von Gethsemane verglichen mit dem Petrus nach Pfingsten. Da hat er ermessen gelernt, wie wunderbar der Herr Jesus durch Seinen Geist die Menschen verwandelt. Johannes Markus hat später bei sich selbst diese Wandlung erlebt.

b) Jesus fordert Opfer

Das lernte ja Johannes Markus bei den Menschen um ihn her.

Da war der Petrus, der Leben und Freiheit in die Schanze schlug um seines Herrn und Heilandes willen.

Da war die Gemeinde, diese schlichten und einfältigen Christen, die ihre Nachtruhe opferten, um vor dem Herrn im Gebet für ihren gefangenen Bruder Petrus einzustehen.

Da war die Mutter Maria, die ihr Haus und alles, was darin war, zur Verfügung stellte, damit die Gemeinde sich dort versammeln konnte.

> „Wer zu der Fahne des Königs schwört,
> Hat nichts mehr, was ihm selber gehört."

Dazu drei kleine Geschichten. Die erste finde ich in dem Buch des früheren Hofmarschalls am russischen Zarenhof M. M. Korff (*Am Zarenhof: Erinnerungen aus der geistlichen Erweckungsbewegung in Rußland 1874 bis 1884. Verlag Licht im Osten*):

„Hier will ich an ein kleines Ereignis erinnern, das ich nicht vergessen werde. Einmal besuchte ich diese Dame, die überall eine Zeugin ihres Heilandes war, und wir gingen in den großen Saal. Vier Malachitsäulen stützten die Decke, und der ganze Raum war mit prunkvollen Möbeln ausgestattet. Ich bemerkte einen starken Stallgeruch; und unwillkürlich sagte ich: ‚Wie merkwürdig ist es, daß es hier so stark nach dem Stalle riecht.'

‚Das ist durchaus nicht merkwürdig', antwortete die Fürstin, ‚hier war vor kurzem eine Gebetsversammlung, an der alle unsere Kutscher teilnahmen. Mein Haus gehört meinem Heiland, ich bin nur Seine Hausverwalterin.'

O wenn doch alle Kinder Gottes sich so zu den irdischen Gütern stellten, die blinde Welt würde bald sehen und merken, daß die Gebetsgemeinschaft der Kinder Gottes auch die schlechten Gerüche überwindet und daß diese sie nicht hindern, ihre Kniee inmitten von

Malachitsäulen zu beugen. Dieser Stallgeruch in dieser Umgebung sagte mir mehr als die glänzendste Predigt."

Die andere Geschichte habe ich selbst erlebt. Ich kenne wohlhabende Leute, die haben sich im Hochgebirge ein entzückendes Häuschen gebaut. Das Haus ist ein Schmuckkästchen. Herrliche Teppiche und köstliche Sessel laden zum Ruhen ein.

Ich war einmal ein paar Tage dort zu Gast. Als ich am ersten Abend die Hausandacht gehalten hatte, meinte die Hausfrau: „Es wäre doch schön, wenn wir morgen abend unsere Nachbarn zu der Andacht einladen würden." Ich war selbstverständlich gern damit einverstanden.

Am nächsten Abend erschienen nicht nur die nächsten Nachbarn, da kamen auch Sennbuben aus dem Gebirge, da kamen Hirten, Bauern, Männer und Frauen und Kinder.

Und am dritten Abend gab es ein großes Gedränge. Alle Zimmer saßen voll. Im Flur und auf den Treppen drängte sich eine hungrige Hörerschar.

Auf einmal schoß mir der Gedanke durch den Kopf: „O wie werden wohl durch alle diese Nagel- und Bergschuhe die schönen Teppiche leiden! Wie wird der Parkettboden zerkratzt. Wie werden die Sessel mitgenommen!" Und so warf ich einen etwas ängstlichen Blick auf die Hausfrau.

Die verstand mich sofort. Ihr eigenes Herz hatte wohl auch ein wenig murren wollen. Aber dann sagte sie lachend: „Für den Herrn Jesus ist es gerade recht!" Und dann sang sie mit aus Herzensgrund. Und es wurde eine köstliche Stunde.

Die dritte Geschichte geschah während der Erweckungszeit im Oberbergischen Land, als der reichgesegnete Erweckungsprediger Jakob Gerhard Engels (1826—1897) dort wirkte:

Engels war an einem Sonntagnachmittag auf einem der Höfe zu Besuch gekommen. Eine Menge Leute stürmte herzu, die alle gern nachher Engels hören wollten.

Die liebe alte Hauswirtin bewirtete alle Gäste mit Kaffee und Kuchen. So war es üblich. Aber diesmal wollte der Strom der Gäste gar nicht aufhören. Und „Lenchen" mußte immer wieder von neuem auftragen.

Engels merkte, daß es der Hauswirtin fast zuviel wurde. „Lenchen", fragte er und deutete mit der Hand auf die Brust: „Murmelt's auch hier drinnen?" Damit spielte er auf das Bibelwort an: „Seid gastfrei ohne Murmeln." „Ja", sagte Lenchen ehrlich, „ich muß drücken, was ich kann, daß der Unwille nicht zum Vorschein kommt." — „So ist's recht! Drücke nur tapfer zu! Wir aber wollen nun gemeinsam einen Vers singen, damit die Hausmutter auch etwas Ruhe bekommt." — Da wurde die Stimmung der Hausmutter wieder gut, und es wurde ein feiner und gesegneter Nachmittag.

c) Jesus errettet mächtig

Petrus aber winkte ihnen mit der Hand zu schweigen und erzählte ihnen, wie ihn der Herr hatte aus dem Gefängnis geführt."

Von Jugend auf hatte Johannes Markus die Geschichte seines Volkes gehört. Wie mag der Knabe gelauscht haben, wenn er von den wunderbaren Taten seines Gottes hörte! Da wurde erzählt, wie Er die Gemeinde des Alten Bundes mit mächtiger Hand aus Ägypten errettete. Da wurde berichtet, wie Er das Rote Meer zerriß und Sein Volk durch die Wasserfluten führte. Da wurde von Geschlecht zu Geschlecht weitergegeben, wie Gott Sein Volk wunderbar durch die Wüste führte, wie Er ihm Brot und Wasser gab, wie Er die Mauern Jerichos stürzte, wie Er einem Gideon half, wie Er einen David aus der Hand seiner Feinde errettete.

Das alles hatte Johannes Markus von Jugend auf gehört.

> „Gott, wir haben mit unsern Ohren gehört, unsre Väter haben's uns erzählt, was du getan hast zu ihren Zeiten vor alters.
>
> Du hast mit deiner Hand die Heiden vertrieben, aber sie hast du eingesetzt; du hast die Völker verderbt, aber sie hast du ausgebreitet. Denn sie haben das Land nicht eingenommen durch ihr Schwert, und ihr Arm half ihnen nicht, sondern deine Rechte, dein Arm und das Licht deines Angesichts; denn du hattest Wohlgefallen an ihnen" (Psalm 44, 2—4).

Aber manches Mal mag es dem Johannes Markus wohl gegangen sein wie dem Dichter des 44. Psalms. Der erinnert sich der alten Taten Gottes. Aber dann schaut er auf das gegenwärtige Elend und fragt: „Wo sind denn die großen Taten Gottes h e u t e ?"

> „Warum verstößest du uns denn nun und lässest uns zu Schanden werden und ziehst nicht aus unter unserm Heer?
>
> Du lässest uns auffressen wie Schafe und zerstreuest uns unter die Heiden.
>
> Du verkaufst dein Volk umsonst und nimmst nichts dafür.
>
> Du machst uns zur Schmach unsern Nachbarn, zum Spott und Hohn denen, die um uns her sind" (Psalm 44, 10 u. 12—14).

Jetzt erlebte Johannes Markus, wie Herodes wütete gegen die Gemeinde des Herrn. Jakobus war schon mit dem Schwerte getötet. Petrus schmachtete im Gefängnis. Auch sein Todesurteil war schon ausgesprochen (Apostelgeschichte 12, 1—4). Ja, da mag sich der junge Johannes Markus wohl gefragt haben: „Wo sind denn die großen Taten Gottes h e u t e ?"

Da tritt Petrus ins Zimmer und erzählt von seiner wunderbaren Errettung. Und Johannes Markus samt der ganzen Gemeinde erfahren es:

> „Siehe, des Herrn Hand ist nicht zu kurz, daß er nicht helfen könne, und seine Ohren sind nicht hart geworden, daß er nicht höre" (Jes. 59, 1).

> „Wie du warst vor aller Zeit,
> So bleibst du in Ewigkeit."

d) Die Macht des Gebets

In unserem Bibeltext steht ein merkwürdiges „zwar — aber". *„Petrus ward zwar im Gefängnis gehalten; aber die Gemeinde betete ohne Aufhören für ihn zu Gott."*

Diese betende Gemeinde ist ergreifend. Sie betet wider alle Vernunft und wider alle Hoffnung. Hinter doppelten Türen ist Petrus verwahrt. Sechzehn Kriegsknechte bewachen ihn. In Ketten ist er an die Wand gefesselt. Sein Todesurteil ist schon gefällt. Nein, vernünftigerweise war hier nichts mehr zu hoffen. Für die natürliche Vernunft machte die Gemeinde sich lächerlich mit ihrem Gebet. Alle Türen waren verriegelt.

„Aber die Gemeinde betete ohne Aufhören zu Gott." Wo der Heilige Geist zum Gebet treibt, da rechnet man nicht mehr mit menschlichen Möglichkeiten. Da rechnet man nur mit der unendlichen Kraft und Barmherzigkeit Gottes. Man kennt Gott als den, der die Toten lebendig macht; als den, der ruft dem, was nicht ist, daß es sei.

Solch ein Gebet der gläubigen Gemeinde setzt den Himmel in Bewegung, holt die Engel auf die Erde und macht das Unmögliche möglich.

Wir müssen darauf achten, daß die Gemeinde zum Gebet zusammenkam. Man überließ es nicht jedem einzelnen, für sich zu beten. Man vereinigte sich zum gemeinsamen Gebet. Es liegt eine besondere Kraft im gemeinsamen Gebet. Der Herr Jesus hat gesagt:

„Wo zwei unter euch eins werden auf Erden, worum es ist, daß sie bitten wollen, das soll ihnen widerfahren von meinem Vater im Himmel. Denn wo zwei oder drei versammelt sind in meinem Namen, da bin ich mitten unter ihnen" (Matth. 18, 19 u. 20).

3. IN DES KÖNIGS DIENST

Apostelgeschichte 13, 1—5:

„Es waren aber zu Antiochien in der Gemeinde Propheten und Lehrer, nämlich Barnabas und Simon, genannt Niger, und Luzius von Kyrene und Manahen, der mit Herodes, dem Vierfürsten, erzogen war, und Saulus.

Da sie aber dem Herrn dienten und fasteten, sprach der heilige Geist: Sondert mir aus Barnabas und Saulus zu dem Werk, dazu ich sie berufen habe.

Da fasteten sie und beteten und legten die Hände auf sie und ließen sie gehen.

Diese nun, wie sie ausgesandt waren vom heiligen Geist, kamen sie gen Seleucia, und von dannen schifften sie gen Zypern.

Und da sie in die Stadt Salamis kamen, verkündigten sie das Wort Gottes in der Juden Schulen; sie hatten aber auch Johannes zum Diener."

Johannes Markus darf wunderbar Großes erleben. Er kommt in nächste Berührung mit ganz großen Zeugen Jesu Christi. Und er darf eine der wichtigsten Stunden des Reiches Gottes miterleben.

Wichtige Zeugen Jesu

„Es sprach der heilige Geist: Sondert mir aus Barnabas und Saulus zu dem Werk, dazu ich sie berufen habe."

Wir wollen einen kurzen Blick auf diese beiden Männer werfen, mit denen Markus nun zusammenkommt.

B a r n a b a s : Das war ein Mann, der aus dem Ausland stammte, aus Zypern. In Jerusalem war er wohl am Pfingsttage zu der Gemeinde des Herrn gekommen. Bis dahin hatte er Joses geheißen. In der Gemeinde bekam er einen wundervollen Namen: „Barnabas", d. h. „Sohn des Trostes". Er war wohl ein Mann, der ganz besondere seelsorgerliche Gaben hatte. Es war ihm ein besonderes Anliegen, die irrenden und verscheuchten Schafe Jesu Christi zurechtzubringen. Er war es gewesen, der sich zuerst des jungbekehrten Paulus annahm.

> „Da aber Saulus gen Jerusalem kam, versuchte er, sich zu den Jüngern zu tun; und sie fürchteten sich alle vor ihm und glaubten nicht, daß er ein Jünger wäre. Barnabas aber nahm ihn zu sich und führte ihn zu den Aposteln und erzählte ihnen, wie er auf der Straße den Herrn gesehen und er mit ihm geredet und wie er zu Damaskus den Namen Jesu frei gepredigt hätte" (Apostelgeschichte 9, 26 u. 27).

Auch später, als Paulus sich nach Tarsus zurückgezogen hatte, brachte er Paulus zur Gemeinde zurück.

> „Barnabas aber zog aus gen Tarsus, Saulus wieder zu suchen; und da er ihn fand, führte er ihn gen Antiochien" (Apostelgesch. 11, 25 f).

Wir müssen diese Art des Barnabas beachten, wenn wir das Spätere verstehen wollen.

P a u l u s : Paulus ist ein Musterbeispiel dafür, wie Gott an einem Menschen zu Seinem Ziel kommt. Im ersten Kapitel des Galaterbriefes erzählt Paulus in kurzen Zügen seine Lebensgeschichte. Da sagt er:

> „Gott hat mich von meiner Mutter Leibe an ausgesondert und berufen durch seine Gnade, daß er seinen Sohn offenbarte in mir, daß ich ihn durchs Evangelium verkündigen sollte unter den Heiden" (Gal. 1, 15).

Das war also die Bestimmung des Paulus, ehe er geboren war.

Als der Herr dem Saulus auf dem Wege nach Damaskus begegnet war, beauftragte Er den Ananias, zu Saulus zu gehen. Er sagte:

„Gehe hin, denn dieser ist mir ein auserwähltes Rüstzeug, daß er meinen Namen trage vor den Heiden und vor den Königen und vor den Kindern von Israel.

Ich will ihm zeigen, wieviel er leiden muß um meines Namens willen" (Apostelgesch. 9, 15 u. 16).

Und in unserem Text betont der Herr es ausdrücklich, daß Er den Saulus zu dem großen Werk der Mission berufen habe.

Als Johannes Markus mit Paulus und Barnabas loszog, war er Zeuge, wie diese beiden Männer nun ihre eigentliche göttliche Bestimmung erfüllten.

Eine wichtige Stunde

a) Die Frucht des Todes Jesu wird offenbar

In Johannes 12 lesen wir eine merkwürdige Geschichte. Da kamen ein paar Jünger zum Herrn Jesus und erzählten Ihm: „Herr, wir haben einige Griechen getroffen, die wollen dich kennenlernen." Das war den Jüngern eine wichtige Sache, daß der Herr Jesus nun auch in der Heidenwelt bekannt wurde.

Dieser war aber auf die Sache nicht eingegangen. Er hatte nur erwidert:

„Wahrlich, wahrlich, ich sage euch: Es sei denn, daß das Weizenkorn in die Erde falle und ersterbe, so bleibt's allein; wo es aber erstirbt, so bringt es viele Früchte" (Joh. 12, 24).

Das heißt mit anderen Worten: Die Tür zum Reiche Gottes soll den Heiden erst dann aufgetan werden, wenn Jesus durch Sein Leiden und Sterben Sein Heilswerk vollbracht hat. Nun war diese Stunde da. Das Weizenkorn war in die Erde gefallen und erstorben. Nachdem Jesus auferstanden und erhöht war, sollte das Weizenkorn Frucht bringen. Nun wurde den Heiden die Türe aufgetan. Nun begann das, was uns in Offenbarung 7, 9 geschildert wird:

„Danach sah ich, und siehe, eine große Schar, welche niemand zählen konnte aus allen Heiden, Völkern und Sprachen, vor dem Thron stehen und vor dem Lamm, angetan mit weißen Kleidern und Palmen in ihren Händen."

b) Das große Werk der Mission beginnt

Tausende von Zeugen stehen in der weiten Welt auf den Missionsfeldern. Hunderttausende von Heiden aus allen Völkern der Welt sind eingegangen in das Reich Gottes. Schon Zinzendorf konnte triumphierend sagen: „Welch eine große Karawane aus unserer Ökonomie steht schon vor dem Thron des Lammes!"

Welch eine merkwürdige Sache ist das Werk der Mission! Wieviel Opfer an Menschen, an Kraft und Gut sind hier gebracht worden — im Glauben!

„Und werden zehn dahingesät,
Als wären sie verloren . . .
Auf ihren Beeten aber steht:
Das ist die Saat der Mohren."

Wir wollen nur eine kleine Geschichte bringen aus den Anfängen der Mission der Brüdergemeine:

„Als die fünfte Synode versammelt war, kamen zwei Missionare der Brüder aus St. Thomas an. Darunter befand sich ein Bruder Gottlieb Israel, der aus einem Schiffbruch errettet worden war, während sein Gefährte unterging. Zinzendorf fragte ihn, was er auf der Klippe gemacht hätte, während andere um ihn ertrunken wären. Er antwortete: ‚Ich habe unseren Ledigen-Brüder-Vers gesungen':

„Wo seid ihr, ihr Schüler der ewigen Gnade,
Ihr Kreuzgenossen unsers Herrn?
Wo spüret man eure geheiligten Pfade?
Sowohl daheim als in der Fern.
Ihr Mauern-Zerbrecher, wo sieht man euch?
Die Felsen, die Löcher, die wilden Sträuch,
Die Inseln der Heiden, die tobenden Wellen,
Sind unsre von alters verordneten Stellen."

Und es wäre ihm der Text des Tages ‚ganz hell' gewesen: ‚Wie schön leuchtet der Morgenstern, voll Gnad und Wahrheit vor dem Herrn.' "

Wir müssen darauf achten, daß die Mission die Sache unseres Herrn ist. Darum ist sie auch die Sache Seines „Leibes", nämlich der Gemeinde. Das wird in unserer Geschichte sehr deutlich. Die Gemeinde fastet und betet mit den ersten Missionaren. Vor der Gemeinde werden ihnen die Hände aufgelegt. Die Gemeinde sendet sie aus. Und der Gemeinde erstatten sie später Bericht:

„Da sie aber hinkamen, versammelten sie die Gemeinde und verkündigten, wieviel Gott mit ihnen getan habe und wie er den Heiden hätte die Tür des Glaubens aufgetan" (Apostelgesch. 14, 27).

Die Mission ist nicht Sache von einigen Liebhabern und Spezialisten. Die Mission ist auch nicht Sache der Welt, daß wir von ihr allzuviel Hilfe und Rücksicht erwarten könnten. Die Mission ist Sache der Gemeinde Jesu Christi.

Als der junge Dr. Verwiebe als Jugendwart der Mission im Bataklande auf Sumatra hinausgesandt wurde, da sagte er in einer großen Jugendversammlung zum Abschied: „Wir werden viel Schweres erleben müssen draußen auf dem Missionsfelde. Wir werden durch viel Einsamkeit und Kampf gehen müssen. Das alles wollen wir fröhlich tragen. Schrecklich wäre nur eins: Wenn wir denken müßten, zu Hause wird nicht mehr für uns gebetet. Das wäre furchtbar! Darum bitten wir hinausziehenden Missionare: Laßt unsere Sache eure Sache sein! Laßt sie euch am Herzen liegen, tragt sie täglich vor Gott."

Nun, dieses gewaltige und wunderliche Werk der Mission wurde nicht von Menschen begonnen, sondern vom dreieinigen Gott selber.

„Der heilige Geist sprach: Sondert mir aus Barnabas und Saulus zu dem Werk."

Welch eine Stunde, die Geburtsstunde der Mission! Johannes Markus war gewürdigt, sie mitzuerleben. Und zwar nicht nur als Zuschauer. Nein, er durfte handelnd mit dabeisein.

Aktiver Christenstand

„Sie hatten aber auch Johannes zum Diener." Es ist schön, wenn ein gläubiger junger Mann unter den Fahnen Jesu kämpft. Wie manch einer kommt im Glaubensweg einfach nicht vorwärts, weil er nichts tut für den Herrn Jesus. Manch einem trägen und faulen Christen sollte das Bild des gekreuzigten Heilandes vor der Seele stehen mit der Frage:

> „Das tat ich für dich,
> Was tust du für mich?"

Seit Jesus auferstanden ist, ist in der Welt ein großer Kampf entbrannt zwischen Licht und Finsternis. Da kommt es nicht nur darauf an, daß wir auf der richtigen Seite stehen, sondern es kommt darauf an, daß wir auf der richtigen Seite k ä m p f e n d stehen. Die Christenheit sollte munter werden zum Dienst.

> *„Der Erdkreis steht in Flammen,*
> *Und heißer wird die Schlacht.*
> *Der Feind, der ballt zusammen*
> *Sein Heer und seine Macht.*
> *Dir ist das frohe Kunde,*
> *Wenn laut der Kriegslärm gellt!*
> *Denn das ist deine Stunde,*
> *Du Herr und Hirt der Welt."*

Wer wollte in einer solchen Stunde den Mund halten und die Hände in den Schoß legen! Der Herr Jesus hat nicht Zuschauer in Seinen Weinberg gerufen, sondern Arbeiter.

Ich hatte einmal ein seelsorgerliches Gespräch mit einem jungen Primaner aus einem christlichen Hause. „Nun, wie steht es eigentlich bei dir innerlich?" fragte ich ihn. Darauf erwiderte er etwas bekümmert: „Ich glaube alle christlichen Wahrheiten. Ich möchte auch ein Christ sein. Aber das bewegt mich alles nicht. Es läßt mich so kalt. Ich bin so tot."

Weiter fragte ich ihn: „Was tust du denn im Reiche Gottes?" Erstaunt und verwundert schaute er mich an. Da mußte ich lachen: „Kein Wunder, daß es bei dir so aussieht. Du könntest mir einmal in meiner Jugendarbeit helfen!"

Und dann gab ich ihm einen Auftrag in dem ärmsten Viertel von Essen. Dort in den großen Mietskasernen war die Feindschaft gegen das Evangelium stark. Dort mußte er nun in seinen freien Stunden Hausbesuche machen, christliche Blätter austragen und die Jungen einladen. Ein schwerer Dienst! Aber in diesem Dienst ist er lebendig geworden und ein fröhlicher, freier Zeuge Jesu Christi.

„Diener"

„Sie hatten aber auch Johannes zum Diener." Der Johannes Markus hatte also nicht gerade einen hervorragenden Platz in der kleinen Missionskarawane. Die eigentliche Missionspredigt war die Sache von Paulus und Barnabas. Er durfte ihnen nur zur Hand gehen.

Aber es kommt gar nicht darauf an, welch einen Platz wir im Reiche Gottes einnehmen. Es kommt nur darauf an, daß wir in unserem Dienst treu sind. „Johannes Markus war nur ein Diener", könnte vielleicht jemand verächtlich sagen. Darauf antworten die Christen: „Ich will lieber die Tür hüten in meines Gottes Hause als wohnen in der Gottlosen Hütten" (Psalm 84, 11).

Gott fragt nicht nach unseren Erfolgen, nicht nach dem Beifall der Welt, nicht nach dem Umfang unseres Arbeitsbereiches. Er fragt nur nach unserer Treue.

Wie groß war in den Augen Gottes die Tabea, die in aller Stille dem Herrn Jesus Ehre machte (Apostelgeschichte 9, 36 ff).

Darum kann jeder im Reiche Gottes mithelfen mit den Gaben, die ihm verliehen sind. Ich kenne in einem Jugendkreis einen jungen Mann, der leidet an epileptischen Anfällen. Und darum kann er keine großen Dinge im Reiche Gottes tun. Aber er hat den Herrn Jesus von Herzen lieb. Und darum trägt er treu christliche Blätter aus. Und darum ist er der Treuste, wenn es heißt, im Saal die Stühle zu stellen für die Versammlungen. Ich glaube, dieser junge Christ gilt in seinem Eifer vor Gott mehr als mancher, der eine große christliche Erkenntnis mit großer Trägheit verbindet.

4. EIN BÖSER ENTSCHLUSS

Apostelgeschichte 13, 13:

„Da aber Paulus und die um ihn waren von Paphos schifften, kamen sie gen Perge im Lande Pamphylien. Johannes aber wich von ihnen und zog wieder gen Jerusalem."

„Es fiel ein Reif in der Frühlingsnacht . . ." Johannes Markus machte sich davon. Er hat den ersten Teil der Reise mitgemacht. Er ist mit den Aposteln von Antiochien aus nach der Heimat des Barnabas gefahren, nach Zypern. Er war auch noch dabei bei der Seefahrt über das Mittelländische Meer bis zur Südküste Kleinasiens. Dann kehrte er um.

Es scheint fast so, als habe er sich ohne Angabe von Gründen heimlich aus dem Staub gemacht.

Da müssen wir an das denken, was wir im Anfang über Johannes Markus gehört haben: Er war rasch begeistert, aber auch rasch ernüchtert. Ja, er war wohl zuerst begeistert gewesen, als es hieß, die Fahne des Königs voranzutragen. Sein Geist hatte sich vielleicht entzündet im Gedanken an allerlei Abenteuer. Doch als die rauhe Wirklichkeit der Missionsarbeit begann, war er schnell ernüchtert. So kehrte er heim.

Wir kommen hier zu etwas sehr Wichtigem: Johannes Markus war wohl ein Christ. Aber ihn regierte noch sein natürliches, fleischliches Wesen. Obwohl er es mit Jesus hielt, war es noch nicht zu einer gründlichen Wiedergeburt in seinem Leben gekommen. Das natürliche, fleischliche Wesen war noch nicht mit Jesus in den Tod gegeben. Es war noch nicht zu einer gründlichen Buße und zu einer Aufgabe des eigenen „Ich" in seinem Leben gekommen.

Wir wollen jetzt schon vorausnehmen, daß es Petrus war, der ihm später zurechthalf. Das ist nicht zufällig. Denn gerade im Leben des Petrus sehen wir eine ähnliche Entwicklung:

Petrus war vom Herrn Jesus bei dem wunderbaren Fischzug berufen worden. Er hatte alles verlassen und war mit Jesus gezogen. Sollte man das nicht für eine Bekehrung halten?

Aber nachdem der Petrus drei Jahre Jesus nachgefolgt war und alles zurückgelassen hatte, sagte ihm der Herr das merkwürdige Wort: „Wenn du dich dermaleinst bekehrst, so stärke deine Brüder" (Lukas 22, 32).

Petrus war also noch nicht bekehrt. Er hatte wohl alles zurückgelassen — bis auf eins: sich selbst. Es gibt auch ein frommes „Ich". Erst als Petrus im Hof des hohenpriesterlichen Palastes seinen ganz und gar verlorenen Zustand vor Gott erkannte, fing es an, daß er sein „Ich" zurückließ, daß er seine alte, unbeständige Natur in den Tod gab und sich so bekehrte, daß eine wirkliche Wiedergeburt die Folge war.

„. . . so stärke deine Brüder!" Das hat dem Petrus im Ohr geklungen, als er später die Geschichte des Johannes Markus vernahm. Und so konnte er aus seiner eigenen Erfahrung heraus dem Markus zurechthelfen.

Aber kehren wir zu dem halbbekehrten und umgekehrten Markus zurück. Die Bibel erzählt uns nur die Tatsache seiner Flucht. Sie sagt uns nichts über die Gründe. Wir könnten uns damit zufriedengeben. Aber ein aufmerksamer Bibelleser wird hier doch stehenbleiben und sich fragen, was denn wohl der Anlaß zu dieser Flucht gewesen sei. Und da kommen wir auf vier mögliche Gründe.

Furcht

O ja, man konnte sich schon fürchten, wenn man am Fuße des wilden Taurus-Gebirges stand und sich überlegte, was einem da alles widerfahren konnte. Die Kapitel 13 und 14 in der Apostelgeschichte berichten uns ja von den schrecklichen Erlebnissen des Apostels Paulus. Das alles hat Johannes Markus als kluger junger Mann wohl vorausgesehen. Und darum hat er sich rechtzeitig aus dem Staube gemacht.

Es ist kein Wunder, wenn Kinder Gottes in Furcht geraten. Der Apostel Paulus schreibt selbst an die Korinther, daß er bei ihnen war „mit Furcht" (1. Korinther 2, 3), und 2. Korinther 7, 5 schildert er seinen Zustand so: „Auswendig Streit, inwendig Furcht." Denn wo die Sache des Herrn auf den Plan tritt, macht ja auch die Hölle mobil. Wie sollten wir uns da nicht fürchten vor dem, was uns widerfahren kann?

Es ist keine Schande, wenn uns die Furcht befällt. Aber es ist eine Schande, wenn wir die Furcht über uns herrschen lassen. Denn wir kennen doch den, der mächtiger ist als die Hölle, der stärker ist als das Toben der Feinde.

Darum sagt der Herr zu Jeremia:

> „Erschrick nicht vor ihnen, auf daß ich dich nicht erschrecke vor ihnen; denn ich will dich heute zur festen Stadt, zur eisernen Säule, zur ehernen Mauer machen" (Jer. 1, 17 f).

Darum steht Psalm 91, 4 f:

> „Er wird dich mit seinen Fittichen decken..., seine Wahrheit ist Schirm und Schild, daß du nicht erschrecken müssest vor dem Grauen der Nacht, vor den Pfeilen, die des Tages fliegen, vor der Pestilenz, die im Finstern schleicht, vor der Seuche, die im Mittage verderbt."

Darum sagt der Herr Jesus Seinen Jüngern Johannes 14, 1:

> „Euer Herz erschrecke nicht."

Der Apostel Paulus mahnt die Philipper (Phil. 1, 28):

> „Lasset euch in keinem Wege erschrecken von den Widersachern, welches ist ein Anzeichen, ihnen der Verdammnis, euch aber der Seligkeit, und das von Gott."

Und der Apostel Petrus schreibt 1. Petrus 3, 14:

> „Fürchtet euch aber vor ihrem Trotzen nicht und erschrecket nicht; heiliget aber Gott den Herrn in euren Herzen."

Unkenntnis der Wege Gottes

Diese erste Missionsreise des Paulus führte ja eine völlig neue Zeit herauf. Sie machte deutlich, daß die Arbeit des Alten Bundes vorbei sei. Israel hatte den Herrn verworfen. Nun sammelte sich Gott Sein Eigentumsvolk aus allen Nationen. Das war eine ungeheure Wende. Über Israel brach das Gericht Gottes herein, den Heiden aber wurden die Tore in das Reich Gottes aufgetan.

Den Christen in Jerusalem ging das nur schwer ein. Es gab viele, die es nicht fassen konnten, daß die Heiden in den Bund mit Gott aufgenommen werden sollten und daß Israel ausgetan sein sollte.

Dazu kam noch folgendes: Die Christen in Jerusalem hielten peinlich das Gesetz. Paulus aber predigte bei den Heiden nicht das Gesetz, sondern die Gnade Gottes in Jesus für Sünder. Es schien den Leuten in Jerusalem, als sei dies eine Gotteslästerung. Wie konnte ein Heide es wagen, in den Bund mit Gott treten zu wollen, ohne am Tempel, an den Gottesdiensten in Jerusalem, an den Opfern und am kultischen Gesetz teilzuhaben! Sie hatten eben noch nicht begriffen, daß auf Golgatha von Gott ein neuer Bund geschlossen worden war.

Die Apostelgeschichte zeigt uns, daß viele Christen in Jerusalem der Missionstätigkeit des Paulus gegenüber sehr kritisch waren.

Markus war ein Glied des alttestamentlichen Gottesvolkes. Er war in der Jerusalemer Gemeinde zu Hause. Es ist durchaus möglich, daß diesem jungen Manne Bedenken kamen. Er war betroffen von dem Neuen, das hier anbrach. Es war aus mit der Bevorzugung Israels. Ja, das Gericht über Israel begann, die Heiden strömten in das Reich Gottes. — Dem Markus wurde schwindelig. Konnte das der Wille Gottes sein? Das war alles dem entgegen, was er in seiner Jugend gelernt hatte. Bei all diesem Neuen kam er nicht mehr mit. Er kehrte um.

Wenn es so war — die Bibel gibt uns ja die Gründe für die Umkehr des Markus nicht an —, dann wird hier deutlich, wie mangelnde Einsicht in den Heilsplan Gottes untüchtig machen kann zum Dienst. Wie kann der den neuen Gnadenbund verkündigen, der ihn in seiner Herrlichkeit nicht erfaßt hat!

Beleidigter Stolz

Dem Johannes Markus war vielleicht seine Stellung zu gering. Er fand es empörend, daß man ihn, den vornehmen jungen Mann, zum Diener herabwürdigte. Er war das bisher anders gewohnt. Nun war er in seinem Stolz gekränkt und beleidigt.

Wie viele haben auf diese Weise Schiffbruch erlitten! Wieviel ist dem Reiche Gottes Schaden zugefügt worden durch solch gekränkten Ehrgeiz!

Es gibt ein gutes Mittel gegen diese Krankheit. Man muß nur einmal den Herrn Jesus selber ansehen. Der wollte nicht groß sein, sondern niedrig.

> „Des Menschen Sohn ist nicht gekommen, daß er sich dienen lasse, sondern daß er diene und gebe sein Leben zur Bezahlung für viele" (Mark. 10, 45).

Der Herr Jesus will gern, daß Seine Jünger Ihm ähnlich werden. Es ist das auch so wichtig. Durch die enge Pforte kommen keine großen und stolzen Leute hindurch, sondern nur demütige und gebeugte Leute. Darum lehrt uns der Herr Jesus:

> „Ihr wisset, daß die weltlichen Fürsten herrschen, und die Mächtigen unter ihnen haben Gewalt.
>
> Aber also soll es unter euch nicht sein, sondern welcher will groß werden unter euch, der soll euer Diener sein; und welcher unter euch will der Vornehmste werden, der soll aller Knecht sein" (Mark. 10, 42—44).

Bequemlichkeit

Bis dahin war die Reise in einiger Bequemlichkeit vor sich gegangen. Man fuhr auf dem Schiff, und in Zypern waren die Apostel Gäste des Landvogtes. Aber nun begannen die eigentlichen Strapazen der Reise. Zu Fuß und mit wenig Gepäck mußte das wilde Taurusgebirge überquert werden. Wer konnte wissen, ob man da Nachtquartier finde und immer einen gedeckten Tisch? Hunger und Blöße und Beschwerlichkeiten waren zu erwarten.

Das schreckte den vermögenden jungen Mann aus dem reichen Hause. So kehrte er lieber zurück.

Der Herr Jesus hat Seinen Jüngern kein bequemes Leben versprochen. Als einmal ein junger Mann Ihm nachfolgen wollte, da hat der Herr nur geantwortet:

> „Die Füchse haben Gruben, und die Vögel unter dem Himmel haben Nester; aber des Menschen Sohn hat nicht, wo er sein Haupt hinlege" (Matth. 8, 20).

In der ewigen Welt unseres Gottes ist uns Ruhe verheißen. Dort „ist noch eine Ruhe vorhanden dem Volke Gottes". Dort wird Er selber abwischen alle Tränen von unseren Augen. Hier aber führt der Weg der Jünger Jesu durch Kampf, Streit, Not und Gedränge. Und wer Bequemlichkeit liebt, taugt nicht für die Schar der Streiter Jesu.

5. EIN BÖSER STREIT

Apostelgeschichte 15, 36—41:

„Nach etlichen Tagen aber sprach Paulus zu Barnabas: Laß uns wiederum ziehen und nach unsern Brüdern sehen durch alle Städte, in welchen wir des Herrn Wort verkündigt haben, wie sie sich halten.

Barnabas aber gab den Rat, daß sie mit sich nähmen Johannes, mit dem Zunamen Markus.

Paulus aber achtete billig, daß sie nicht mit sich nähmen einen solchen, der von ihnen gewichen war in Pamphylien und war nicht mit ihnen gezogen zu dem Werk.

Und sie kamen scharf aneinander, so daß sie voneinander zogen und Barnabas zu sich nahm Markus und schiffte nach Zypern.

Paulus aber wählte Silas und zog hin, der Gnade Gottes befohlen von den Brüdern.

Er zog aber durch Syrien und Zilizien und stärkte die Gemeinden."

Der Grund dafür

"Und sie kamen scharf aneinander, also daß sie voneinander zogen."

Das war eine böse Sache. Und die Feinde des Evangeliums könnten hier leicht triumphieren und sagen: "Seht, wie es unter den Christen zugeht!" Aber dazu ist nun doch einiges zu sagen. Gewiß werden sich Paulus und Barnabas vor Gott erst gebeugt haben über manches harte Wort, das in der Erregung gefallen ist. Auch die größten Männer Gottes werden nicht selig durch eigene Gerechtigkeit, sondern durch die Gnade Gottes, die in Jesus erschienen ist.

Und ist es nicht ein erstaunlicher Beweis für die Wahrhaftigkeit der Bibel, daß sie solche trüben und dunklen Geschichten nicht verschweigt, sondern ausführlich berichtet? Das Wort der Bibel will eben nicht die Menschen groß machen und verherrlichen. Sie verherrlicht den lebendigen Gott, der auch Seine irrenden Kinder mit großer Geduld und Langmut trägt.

Aber es ist noch etwas Wichtiges zu diesem Streit zu sagen: Es geht in der Gemeinde Jesu Christi um Wahrheit und Gehorsam. Der Herr Jesus predigt nicht eine allgemeine Menschenliebe, welche die Wahrheit vertuscht und der Heuchelei Tür und Tor öffnet. Es ist auffällig, daß der Apostel Johannes in seinen Briefen immer Wahrheit und Liebe zusammen nennt. Und Christen sind Leute, denen gerade der Sinn für die Wahrheit durch den Geist Gottes geschärft ist. Darum entstehen in der Gemeinde Jesu Christi so tiefe Risse und große Nöte, weil man nicht wider die Wahrheit kann. Die Welt, die es mit der Wahrheit gar nicht so genau nimmt, versteht das nicht und macht sich darüber lustig. Aber Gewissen, die im Wort der Wahrheit gebunden sind, können nun einmal nicht gegen die Wahrheit handeln. Auch wenn vieles darüber zerbricht.

Wer hatte recht?

Die Bibel sagt uns nichts darüber. Sie schildert nur den Tatbestand. Aber es ist das Recht eines Bibellesers, sich darüber seine Gedanken zu machen.

Wir können den Barnabas wohl verstehen. Wir haben ihn ja kennengelernt als einen "Sohn des Trostes". So hat er sich wohl gesagt: "Wir dürfen den Johannes Markus jetzt nicht fallen lassen. Wir müssen ihn mit großer Geduld tragen und ihm mit großer Liebe nachgehen." Und mit dieser Haltung hat der Barnabas wohl recht. O daß wir von ihm Geduld und Barmherzigkeit lernen wollten!

Aber der Paulus hatte auch recht. Wir hören nirgendwo, daß Markus über seine Flucht in Kleinasien Buße getan hätte. Und Paulus überlegte sich: „Gewiß muß man Geduld haben mit einem jungen Christen. Aber als Mitarbeiter ist der Johannes Markus unbrauchbar. Denn unbußfertige Herzen sind zum Dienst Jesu nicht geeignet."

Sie hatten wohl beide in ihrer Art recht. Wir müssen es lernen bei der Vielgestaltigkeit der Wege Gottes, daß Gott einem jeden besondere Aufträge gibt. Die Apostel taten recht daran, daß jeder seinen eigenen Weg zog. Wir sollten uns nicht immer einbilden, jeder andere Christ müsse genau so sein wie wir. Wir wollen doch jedem seine besondere Führung lassen. Wir wollen den Barnabas seinen seelsorgerlichen Dienst an Markus tun lassen. Und wir wollen den Paulus seine Kämpferwege in die Welt hinaus gehen lassen.

Wir finden aber doch eine kleine Andeutung darüber, daß die Gemeinde es mehr mit Paulus als mit Barnabas hielt. Denn von Barnabas heißt es nur: *„Barnabas nahm zu sich Markus und fuhr nach Zypern."* Von Paulus aber heißt es: *„Er wählte Silas und zog hin, der Gnade Gottes befohlen von den Brüdern."*

Wir hören von da ab nichts mehr von den Taten des Barnabas, während die Reisen des Paulus uns weitergeschildert werden. Barnabas war nicht mehr „dabei". Das läßt uns doch vermuten, daß der Gesichtspunkt des Paulus durchschlagend war: „Unbußfertige Leute sind unbrauchbar für den Dienst im Reiche Gottes." Aber weil die Bibel uns darüber nichts Weiteres sagt, wollen wir mit unserem Urteil zurückhaltend sein. Wenn wir nur recht dem Barnabas gleichen wollten, der mit seiner großen menschensuchenden Liebe seinen Neffen Markus zu sich zog. Barnabas hat viel gelernt von seinem Herrn Jesus.

Ein unbußfertiges Herz

Johannes Markus war in ein gefährliches Stadium geraten. Er war der Anlaß dazu, daß die zwei großen Zeugen Jesu auseinanderkamen. Wenn er nur ein wenig Einsicht gehabt hätte, hätte er von vornherein auf die Reise verzichtet. Unbußfertige Leute sind immer gefährlich in der Gemeinde. Unbußfertige Leute richten Zwiespalt an. Es ist so wichtig, daß wir uns von Gott recht in die Buße leiten lassen. Gedemütigte, bußfertige Herzen sind ein Segen und eine Erquickung für ihre Umgebung. Unbußfertige Herzen sind eine Last für die Gemeinde.

In ein gefährliches Stadium war der Johannes Markus geraten. Er wollte sich aktiv beteiligen am Bau des Reiches Gottes. Aber sein Herz war nicht zubereitet. Fromme Leute mit einem unbußfertigen Herzen nennt der Herr Jesus „übertünchte Gräber". Äußerlich sehen sie schön aus, aber innerlich sind sie voll Moder und Totengebein.

6. DER VERWANDELTE

1. Petrus 5, 13:

„Es grüßen euch, die samt euch auserwählt sind zu Babylon, und mein Sohn Markus."

Ein neuer Markus

In der Apostelgeschichte wird der Markus nicht mehr erwähnt. Dort verlieren wir ihn aus den Augen, als er in einem sehr gefährlichen und kritischen Stadium angelangt ist.

Aber wir können seine Lebensgeschichte doch weiterverfolgen. In den Briefen der Apostel taucht sein Name wieder auf. Wir wollen zunächst einmal die Stelle 1. Petrus 5, 13 ansehen.

Wo finden wir hier Markus? In Babylon! Babylon ist in der biblischen Bildersprache der Ausdruck für die abgöttische Weltstadt. Das war in der damaligen Zeit Rom. Markus ist also in Rom.

Das ist zum Verwundern, wenn man an den früheren Markus denkt. Rom ist für Christen ein heißer Boden. In Rom lebte der Kaiser, der für sich göttliche Ehren beanspruchte. Hier kam es zu den ersten Zusammenstößen zwischen der Gemeinde Jesu Christi und dem abgöttischen Heidentum.

Wenn also Markus hier lebte, dann hieß das: Er hatte alle Bequemlichkeit und alle Furcht über Bord geworfen. Er stand mitten in der gefährlichen vordersten Front des Reiches Gottes. Das hieß aber auch, daß Markus alle Bedenken wegen der Heidenmission überwunden hatte. Er stand mitten in der neuen Zeit, in der der Gnadenbund Gottes allen Nationen verkündigt wurde.

Der Markus war ein Mitarbeiter des Petrus geworden. Das hieß: Nun hatte er auch allen falschen Stolz abgetan. Wer war denn schon Petrus? Ein schlichter, ungelehrter Fischersmann. Aber Markus ehrte ihn als einen „Vater".

Dieser eine Vers im ersten Petrusbrief erzählt uns von ungeheuren Wandlungen im Leben des Markus. Alles, was ihn früher am Dienst gehindert hat, ist beseitigt. Es ist alles neu geworden.

Vorher war Johannes Markus wohl christlich. Nun aber war er ein Eigentum Christi.

Vorher glaubte Markus wohl an Jesus Christus; nun folgte er Ihm nach.

Vorher wollte Markus etwas für Jesus tun; nun hatte er alles Ihm hingegeben.

Vorher hatte Markus sein Leben liebgehabt; nun hatte er gelernt, sich selbst zu verleugnen und Jesus das Kreuz nachzutragen.

Vorher war es ihm nur um seine eigene Seligkeit zu tun; nun ging es ihm um die Ehre Gottes und Seines Reiches.

Wie kam es dazu?

Wir dürfen hier ein wenig zwischen den Zeilen lesen, ohne daß wir dem Vorwurf verfallen, etwas in die Bibel hineintragen zu wollen.

Als Markus mit seinem unbußfertigen Herzen sich von Paulus getrennt hatte, kam er wohl in eine schwere innere Krise. Sein Leben war festgefahren. Es wird ihm immer deutlicher geworden sein, daß er da, wo er jetzt stand, nicht bleiben konnte. Es gibt keine halben Christen auf die Dauer. Entweder mußte er Jesus absagen oder ganz Sein Werkzeug werden.

So kam Markus wohl in immer größere Not und Verzweiflung. Und diese Not schlug zum Guten aus. Sie führte ihn in die „göttliche Traurigkeit", wo man sein verfehltes Leben dem Herrn vor die Füße legt und nur noch auf Seine Gnade hofft. Da aber fängt das neue an.

Wir müssen hier den Blick auf den Herrn Jesus werfen. Er hat sich selbst einmal den „guten Hirten" genannt. Er ließ den Markus ja nicht aus den Augen. Er ist dem verirrten Schäflein nachgegangen mit großer Geduld und Barmherzigkeit, bis Er es auf Seinen Achseln heimtragen konnte mit Freuden.

Der Herr hat sich dazu allem Anschein nach des Petrus bedient. Wir haben ja früher schon gesehen, daß Petrus besondere Beziehungen unterhielt zum Elternhaus des Johannes Markus. So wird Petrus in das Haus der Maria gekommen sein und dort den unruhig gewordenen Markus angetroffen haben.

Wie wir schon sagten, war Petrus ganz besonders geeignet, dem jungen Johannes Markus zu helfen. Ihm war es ja ganz ähnlich ergangen wie dem Markus. Auch er hatte in fleischlicher Weise die Sache des Herrn treiben wollen (Gethsemane) und war dabei zuschanden geworden. Und den bankrotten, zusammengebrochenen Petrus hatte Jesus mit großer Barmherzigkeit wieder gesucht. Der war wirklich der rechte Mann, den Johannes Markus in das Reich der Gnade zu führen.

„Mein Sohn Markus"

Der Markus war nicht natürlicherweise der Sohn des Petrus. Aber geistlicherweise war er's. Wir werden da erinnert an das Wort des Apostels Paulus:

> „Und ob ihr gleich zehntausend Zuchtmeister hättet in Christo, so habt ihr doch nicht viele Väter; denn ich habe euch gezeugt in Christo Jesu durchs Evangelium" (1. Kor. 4, 15).

Diese Worte berühren eine tiefe Not in der Christenheit. Wir haben viele „Zuchtmeister". Aber wir haben — um das Bild der Bibel zu gebrauchen — so wenig zeugungskräftige Väter in Christo. Wir haben so wenig Leute, durch deren Dienst Menschen zu einem Leben aus Gott wiedergeboren werden. Kürzlich war in einem Kreis von Christen von einem schlichten, bescheidenen Evangelisten die Rede. Einer meinte etwas abfällig: „Seine Verkündigung ist doch gar zu primitiv." Da sagte ein anderer sehr ernst: „Es ist Erweckungsluft um ihn her. Es sind durch seinen Dienst Menschen aus der Finsternis ins Licht gekommen. Und das ist entscheidend."

Petrus durfte dem Johannes Markus diesen entscheidenden Dienst tun, daß aus dem christlichen jungen Mann ein wiedergeborenes Kind Gottes wurde.

7. NÜTZLICH ZUM DIENST

Kolosser 4, 10:

„Es grüßt euch Aristarchus, mein Mitgefangener, und Markus, der Neffe des Barnabas, über welchen ihr etliche Befehle empfangen habt (So er zu euch kommt, nehmet ihn auf!)."

2. Timotheus 4, 11:

„Markus nimm zu dir und bringe ihn mit dir; denn er ist mir nützlich zum Dienst."

Alles neu geworden

Wenn ein Mensch durch die Gnade Jesu Christi mit Gott in Ordnung gekommen ist, dann kommt auch sein ganzes Leben in Ordnung. So geht es hier dem Johannes Markus. Der alte Streit mit Paulus wird begraben. Ja, Paulus schließt ihn so in sein Herz, daß er ihn der Gemeinde in Kolossä empfiehlt und ihm im Brief an Timotheus das köstliche Zeugnis ausstellt: *„Er ist mir nützlich zum Dienst."*

Welch eine Wandlung ist das! Früher einmal hatte Paulus sagen müssen: „Einen solchen können wir nicht mitnehmen auf die Missionsreise!" Und nun heißt es: *„Nützlich zum Dienst!"*

Nun darf er doch dabeisein, wenn Gottes Reich gebaut wird. Es wird hier so deutlich, daß Gott Seine Werkzeuge sich selber zubereitet. Gott baut Sein Reich nicht mit unserm guten Willen, nicht mit unserm fleischlichen Eifer, nicht mit unserer natürlichen Klugheit, — sondern mit Menschen, die Er „treulich gedemütigt hat", mit Menschen, die durch Seinen Geist und Sein Wort wiedergeboren sind.

Ja, dieser erst ganz und gar beiseite gestellte Markus bekam einen größeren Auftrag, als Paulus ahnte. Er wurde einer der vier Evangelisten. Er durfte das Evangelium des Markus schreiben. Der Heilige Geist selbst legte Sein Wort in seine Worte, daß er durch das zweite Evangelium ein Prediger der Christenheit wurde. Äußerlich ist die Sache wohl so hergegangen, daß Petrus dem Johannes Markus immer wieder von dem erzählte, was er mit Jesus erlebt hatte. Und Markus schrieb es auf.

Es ist ihm gewiß dabei von besonderer Wichtigkeit gewesen, daß das Evangelium mit der Predigt Johannes des Täufers beginnt:

„Bereitet den Weg des Herrn, machet seine Steige richtig!
Johannes predigte von der Taufe der Buße zur Vergebung der Sünde" (Mark. 1, 3 u. 4).

Mit welcher Bewegung im Blick auf sein Leben mag Johannes Markus diese Sätze niedergeschrieben haben!

Es ist hier noch anzumerken, daß das Wort Kolosser 4, 10, das über diesem Abschnitt steht, uns einen Hinweis darauf gibt, daß auch Barnabas aus der Gemeinde nicht verschwunden ist. Paulus nennt den Markus nur den „Neffen des Barnabas". Daraus können wir schließen, daß auch Barnabas in der Zeit in der ganzen Christenheit bekannt und beliebt war. Und wir können weiter daraus schließen, daß der Streit zwischen Paulus und Barnabas beigelegt war. Es ist etwas Großes um die Gemeinde des Herrn, in der der Herr selbst durch Seinen Geist alles Verwirrte in Ordnung bringt.

Mehr sagt uns die Bibel nun nicht über Johannes Markus. Wir wissen nichts über sein späteres Leben und über seinen Tod. Aber was wir gehört haben, läßt uns einen Blick tun in Gottes Werkstatt. In einem alten Erweckungslied heißt es:

„Das war ja so dein Wesen
Von alten Tagen her,
Daß du dir hast erlesen,
Was arm, gebeugt und leer,
Daß mit zerbrochnen Stäben
Du deine Wunder tatst
Und mit geknickten Reben
Die Feinde untertratst."

Welch ein Herr! Nun sollen alle Zerbrochenen und Gebeugten fröhlich werden. Denn der Herr kann und will sie gebrauchen als gesegnete Werkzeuge. Ja, gerade die Ärmsten und Zerbrochensten will Er gebrauchen, auf daß Er allein die Ehre habe.

Noah

1. EINE GANZ BESONDERE FAMILIE

1. Mose 6, 9—12:

„Dies ist das Geschlecht Noahs. Noah war ein frommer Mann und ohne Tadel und führte ein göttliches Leben zu seinen Zeiten und zeugte drei Söhne: Sem, Ham und Japhet.

Aber die Erde war verderbt vor Gottes Augen und voll Frevels.

Da sah Gott auf die Erde, und siehe, sie war verderbt; denn alles Fleisch hatte seinen Weg verderbt auf Erden."

Göttlicher Adel

Hier wird uns von einer Familie erzählt, die sich in ganz besonderer Weise auszeichnete.

Ich kenne eine Familie, deren sämtliche Kinder in der Schule durch eine große Begabung auffallen. Diese Familie ist durch K l u g h e i t und V e r s t a n d ausgezeichnet. — Es gibt berühmte Musiker-Familien, in denen alle Glieder an der m u s i k a l i s c h e n B e g a b u n g teilhaben. — Wieder andere Familien sind ausgezeichnet durch ihren R e i c h t u m. — Wieder andere durch ihre handwerkliche T ü c h t i g - k e i t. — Es gibt Familien, die tragen die Auszeichnung vor den anderen in ihren Namen; sie tragen mit Stolz ihren A d e l s n a m e n.

Auch durch Untugenden können Familien sich auszeichnen. Ich habe Familien gekannt, deren Kinder man von weitem an ihren schmutzigen und ungewaschenen Gesichtern erkennen konnte. — Familien können sich auszeichnen durch Trägheit, Unbegabtheit und anderes mehr.

Von all dem ist hier nicht die Rede. Es war etwas ganz Anderes und Besonderes, was diese Familie vor anderen auszeichnete. Das war es: Diese Familie war d e m H e r r n g e w e i h t. Das ist etwas unendlich Großes und Wunderbares: eine dem Herrn geweihte Familie mitten in einer gottlosen und leichtfertigen Umgebung.

Es war bei Noah wie später bei dem Feldherrn Josua. Kennt ihr die feine Geschichte, wie der greise Feldherr am Ende seines Lebens noch einmal einen Landtag beruft? Da steht er, der Held, auf sein Schwert gestützt, und spricht zum letzten Male zu seinem Volk: „Erwählt euch heute, wem ihr dienen wollt! Ich aber und mein Haus wollen dem Herrn dienen" (Josua 24).

In solch einem Haus, das dem Herrn geweiht ist, geht es lieblich zu. Da nimmt der Herr selbst Wohnung. Und die Engel gehen ab und zu (1. Mose 18, 1—8).

Die Mächte der Finsternis und des Verderbens haben in solch einem Hause keinen Zutritt. Um solch ein Haus her ist gleichsam ein Kraftfeld, das die Mächte der Finsternis nicht durchdringen können. Und dieses Kraftfeld heißt „Furcht Gottes". Innerhalb dieses Kraftfeldes ist ein Bezirk des Friedens.

> *„O selig Haus, wo man dich aufgenommen,*
> *Du wahrer Seelenfreund, Herr Jesu Christ,*
> *Wo unter allen Gästen, die da kommen,*
> *Du der Gefeiertste und liebste bist;*
> *Wo aller Herzen dir entgegenschlagen*
> *Und aller Augen freudig auf dich sehn,*
> *Wo aller Lippen dein Gebot erfragen*
> *Und alle deines Winks gewärtig stehn."*

Auf wessen Urteil kommt es an?

„Aber die Erde war verderbt vor Gottes Augen und voll Frevels." „... verderbt vor Gottes Augen." Darauf müssen wir achten, auf dies: „vor Gottes Augen". In ihren eigenen Augen war sie gar nicht verderbt. Im Gegenteil: Die Welt der damaligen Zeit war in ihren eigenen Augen ganz gewiß herrlich und großartig.

Und das ist gar nicht so sehr verwunderlich, denn die Welt zur Zeit Noahs hatte eine hohe Kultur erreicht. Man hat durch Ausgrabungen Gegenstände aus der Zeit vor der Sintflut gefunden, die von einem gewaltigen Reichtum und einer hohen Kultur zeugen. So hat man zum Beispiel einen massiv-goldenen Helm ausgegraben, der ganz wunderbar fein und künstlerisch gearbeitet ist. Was müssen das für Leute gewesen sein, die solch feine Arbeiten machten, die so wertvolles Material hatten und die solche Helme trugen! (*C. Leonard Woolley: „Ur und die Sintflut", Leipzig, F. A. Brockhaus, 1931.*)

Sicherlich lebte um den Noah her ein stolzes, starkes und selbstbewußtes Geschlecht.

Aber — „*vor Gott*"!? Gott hat andere Maßstäbe zur Beurteilung als wir. Gott sieht mit anderen Augen. Und so hat Gottes Wort über diese ganze reiche Welt nur ein einziges Urteil überliefert: *„Aber die Erde war verderbt vor Gottes Augen und voll Frevels."*

Hier werden wir an einen ganz ähnlichen Fall erinnert. Wer einmal nach Berlin kommt, der sollte nicht versäumen, das Vorderasiatische Museum zu besuchen. Dort steht der berühmte „Pergamon-Altar", ein gewaltiges Kunstwerk! Obwohl nur noch Bruchstücke der herrlichen Bildhauerarbeiten vorhanden sind, wird jeder Besucher überwältigt von der Herrlichkeit dieses Kunstwerkes. Was muß das für eine stolze und reiche Zeit gewesen sein, die solche Altäre baute!

In Pergamon stand dieser Altar. Und von diesem Pergamon ist auch in Gottes Wort zu lesen (Offenbarung 2, 3 ff). Da schreibt der Herr Jesus der dortigen Gemeinde: „Ich weiß ..., wo du wohnst, da des Satans Thron ist ... und hast meinen Glauben nicht verleugnet in den Tagen, in welchen Antipas, mein treuer Zeuge, bei euch getötet ist, da der Satan wohnt." Vor diesem herrlichen Altar wurde wahrscheinlich der treue Zeuge Antipas um des Namens Jesu willen getötet. Da hat die Macht der Finsternis triumphiert. So sah Gott dies herrliche Pergamon!

Ja, Gott sieht mit anderen Augen als wir Menschen. Und nun fragen wir: „Auf wessen Urteil kommt es denn am Ende an? Kommt es auf unser Urteil an, oder kommt es auf Gottes Urteil an?" Die reiche Umwelt Noahs ist untergegangen. Pergamon ist nicht mehr. Aber Gottes Urteil über die Stätten steht fest.

Es kommt am Ende nicht auf unser Urteil an, sondern auf Gottes Urteil.

Das gilt auch für unser persönliches Leben. Es ist am Ende einmal sehr gleichgültig, was w i r über uns und unser Tun gedacht haben. Es wird am Ende nur noch um die Frage gehen: „Was sagt G o t t über mich und mein Leben?" Wohl dem, der sich diese Frage jetzt schon stellt.

„... zu seinen Zeiten"

Noah führte ein göttliches Leben „zu seinen Zeiten".

Wir haben gehört, wie diese Zeiten beschaffen waren. Die Welt lebte ohne Gott. Das Fleisch regierte. Es war eine leichtfertige, abtrünnige und sichere Zeit. Noah stand mit seiner Gottesfurcht ganz allein. Wir könnten es wohl verstehen, wenn Noah gesagt hätte: „In solch einer Zeit kann man nicht mehr an dem Herrn hängen. Ich kann mich doch nicht völlig aus meiner Zeit herausstellen. Ich kann doch nicht gegen den Strom schwimmen. Ich kann doch nicht behaupten, daß ich allein das Rechte hätte und alle anderen das Falsche. Nun muß ich auch mit der Zeit gehen und den Herrn beiseite tun."

So sagte Noah nicht. Er wagte es, allein zu stehen. Das ist das Große an Noah, daß er „zu seinen Zeiten" ein göttliches Leben führte — in dieser abgöttischen Zeit!

Wir sind immer wieder in der Gefahr zu denken: „Ja, zu unserer Väter Zeiten, da hätte ich auch wohl ein rechter Christ sein wollen. Aber zu unseren Zeiten geht das nicht mehr. Da muß man mit dem Geist der Zeit gehen, der in einer anderen Richtung weht."

So wollen uns der Teufel und unser eigenes Herz einreden. Aber der Noah lehrt uns, daß es keine Zeit gibt, in der man nicht am Herrn hängen kann. Wir haben nicht nach dem Geist der Zeit zu fragen, wir haben nicht darauf zu achten, ob viele oder wenige den schmalen Weg zum Leben gehen wollen, — wir haben „zu unseren Zeiten" der Wahrheit zu folgen.

Die Bibel ist voll mit Beispielen von Menschen, die auch in böser Zeit in der Furcht Gottes wandelten und am Herrn blieben. Wir denken da namentlich an Daniel, der an dem heidnischen babylonischen Königshof ein treuer Zeuge seines himmlischen Vaters war.

Und Gott?

„Da sah Gott auf die Erde..."

Vor kurzem besuchte mich ein Mann. Der erzählte mir eine traurige Geschichte von seinem Sohn. Von Jugend auf hatte der Junge seinen Eltern Kummer bereitet. Als junger Mann war er auf üble Abwege geraten. Und schließlich war er wegen einer Diebstahlgeschichte im Gefängnis gelandet. „In acht Tagen kommt mein Sohn aus dem Gefängnis", schloß der Vater schließlich. „Können Sie mir nicht helfen, meinen Sohn irgendwo unterzubringen?"

„Nun, ich meine", erwiderte ich, „Sie sollten Ihren Sohn zunächst einmal in Ihrem Hause aufnehmen."

Da fuhr er wild auf: „Nein, ich will meinen Sohn nicht mehr sehen. Ich will ihn gern unterstützen. Ich will ihm in jeder Weise helfen. Aber ich will ihn nicht mehr sehen."

Wir könnten uns gut vorstellen, daß es Gott so ginge mit der Erde. *„Die Erde war voll Frevels."* Sollte Gott nicht Seine Augen abwenden? Sollte Gott nicht der Welt den Rücken kehren?

Statt dessen lesen wir: *„Gott sah auf die Erde."* In diesem Wörtlein tun wir einen Blick in Gottes barmherziges Herz. G o t t k o m m t n i c h t l o s v o n S e i n e r S c h ö p f u n g. Seine Gerechtigkeit erfordert die schrecklichsten Gerichte. Seine Barmherzigkeit aber sagt immer wieder „ja" zu dieser Welt (1. Mose 6). Darum erhält Er den Noah am Leben. Darum gibt Er der Welt schließlich Seinen Sohn, den Herrn Jesus (Johannes 3,16). Darum wirkt Sein guter Heiliger Geist in dieser Welt. Er ist ein geduldiger, treuer und barmherziger Gott.

Fleisches-Menschen — Geistes-Menschen!

„Alles Fleisch hat seinen Weg verderbt."

Hier steht ein Wörtlein, das in der Bibel eine große Rolle spielt, das Wörtlein „Fleisch". 1. Mose 2, 7, in der Schöpfungsgeschichte, lesen wir:

> „Gott der Herr machte den Menschen aus einem Erdenkloß, und er blies ihm ein den lebendigen Odem in seine Nase."

Hier sehen wir, daß die Gestalt des Menschen und sein Wesen von der Erde ist. Gott aber hat ihm das Leben gegeben. Und auch Seinen Geist. Wir sehen hier gleichsam zwei Pole im Menschen: das irdische, von der Erde stammende Teil, das die Bibel „Fleisch" nennt, und das göttliche Teil, den Geist, den Gott gegeben hat. Seit dem Sündenfall aber ist der Mensch nur noch „Fleisch". Und zwar „Fleisch", das sich gegen Gott auflehnt. Mit dem Ausdruck „Fleisch" bezeichnet die Bibel also nicht nur unseren Leib, sondern das ganze Wesen des natürlichen Menschen: seinen Leib, seine Willenskräfte, seinen natürlichen Verstand, sein Gefühlsleben usw. „Dieses Fleisch hat seinen Weg verderbt vor Gott."

Wir sehen gleich nach dem Sündenfall, wie das Fleischeswesen die Oberhand gewinnt. Kain erschlägt seinen Bruder (1. Mose 4), Lamech singt einen blutigen Rachegesang (1. Mose 4, 23 f), das Fleischeswesen lehnt die Einwirkungen des Geistes Gottes ab.

> „Die Menschen wollen sich von meinem Geist nicht mehr strafen lassen, denn sie sind Fleisch" (1. Mose 6, 3).

Die Früchte des ungöttlichen, natürlichen, rebellischen Fleischeswesens zeigt uns das Neue Testament in Galater 5, 19—21:

> „Offenbar sind aber die Werke des Fleisches, als da sind Ehebruch, Hurerei, Unreinigkeit, Unzucht, Abgötterei, Zauberei, Feindschaft, Hader, Neid, Zorn, Zank, Zwietracht, Rotten, Haß, Mord,
>
> Saufen, Fressen und dergleichen, von welchem ich euch habe zuvor gesagt und sage noch zuvor, daß, die solches tun, werden das Reich Gottes nicht erben."

Der größte Feind des „Fleisches" ist der Heilige Geist Gottes. Davon schreibt der Apostel Paulus ausführlich in Römer 8, 1—16.

Wenn wir selig werden wollen, müssen unsere Herzen durch das Blut Jesu Christi gereinigt werden, damit der Geist Gottes einziehen kann. Wo der Geist Gottes in einem Herzen wohnt, wird solch ein erneuerter Mensch zu einem Geistesmenschen. Solch ein Mensch war Noah. Das ist gemeint, wenn es hier heißt: *„Er führte ein göttliches Leben."*

Wir dürfen das nicht so verstehen, als sei er schon sündlos und vollkommen gewesen. Solange wir in dieser Welt sind, herrscht auch im Geistesmenschen ein Kampf zwischen Fleisch und Geist. Aber der Geist behielt im Leben des Noah die Oberhand. Darum zeitigte sein Leben die köstlichen Geistesfrüchte, die uns geschildert werden in Galater 5, 22:

> „Die Frucht aber des Geistes ist Liebe, Freude, Friede, Geduld, Freundlichkeit, Gütigkeit, Glaube, Sanftmut, Keuschheit."

Von dem längst heimgegangenen Grafen Pückler wird eine feine kleine Geschichte erzählt. Er war einst in einem Kreis von Menschen, die ihm alle viel zu danken hatten. Und nun begab es sich, daß diese allerlei berechtigte und unberechtigte Vorwürfe gegen ihn vorbrachten. Da fiel es einem in dem Kreise auf, daß der Graf die ganze Zeit still blieb mit einem unaussprechlichen Ausdruck im Gesicht. Der fragte nachher den Grafen, was in ihm vorgegangen sei. Darauf antwortete der Graf nur: „Ich habe die ganze Zeit gebetet: ‚Herr Jesus, halte die Nägel fest'!" Er hatte sein altes, zorniges, temperamentvolles Wesen, seine Fleischesart mit dem Herrn Jesus ans Kreuz gegeben. Nun hatte er nur ein Anliegen, daß das „Fleisch" gekreuzigt bliebe, damit der Heilige Geist regiere und siege.

Das sind die Geistes-Menschen, die den Heiligen Geist Gottes haben. Und so einer war Noah.

2. GOTT FÄLLT SICH SELBER IN DEN ARM

1. Mose 6, 13—19:

„Da sprach Gott zu Noah: Alles Fleisches Ende ist vor mich gekommen; denn die Erde ist voll Frevels von ihnen; und siehe da, ich will sie verderben mit der Erde.

Mache dir einen Kasten von Tannenholz und mache Kammern darin und verpiche ihn mit Pech inwendig und auswendig. Und mache ihn also: Dreihundert Ellen sei die Länge, fünfzig Ellen die Weite und dreißig Ellen die Höhe.

Ein Fenster sollst du daran machen, obenan, eine Elle groß. Die Tür sollst du mitten in seine Seite setzen. Und er soll drei Boden haben, einen unten, den anderen in der Mitte, den dritten in der Höhe.

Denn siehe, ich will eine Sintflut mit Wasser kommen lassen auf Erden, zu verderben alles Fleisch, darin ein lebendiger Odem ist, unter dem Himmel. Alles, was auf Erden ist, soll untergehen.

Aber mit dir will ich einen Bund aufrichten, und du sollst in den Kasten gehen mit deinen Söhnen, mit deinem Weibe und deiner Söhne Weibern.

Und du sollst in den Kasten tun allerlei Tiere von allem Fleisch, je ein Paar, Männlein und Weiblein, daß sie lebendig bleiben bei dir."

Eine Familienszene! Der Sohn hat einen dummen Streich gemacht. Der Vater ist furchtbar zornig. Mit rotem Gesicht fährt er auf. Er streckt den Arm aus und ruft seinem Sohne zu: „Hinaus!! Ich will . . ." Plötzlich fühlt er eine weiche Hand auf seinem Arm. Er fährt herum. Da steht die Mutter. Sie sieht ihm in die Augen und sagt leise: „Halt! Sag nicht ein Wort, das dich nachher reuen könnte!"

Nicht wahr, das haben wir alle schon erlebt, daß ein Mensch dem andern in den Arm fällt.

Aber hier in unserer Geschichte geschieht etwas Merkwürdiges und Geheimnisvolles. Hier wird erzählt, daß Gott sich selber in den Arm fällt. Das ist etwas Unbegreifliches und für die Vernunft Unfaßbares.

Da spricht Gott: „Alles Fleisches Ende ist vor mich gekommen . . . ich will verderben alles Fleisch, darin ein lebendiger Odem ist." Mehrmals ist gesagt: „alles". Das heißt doch, daß es keine Ausnahme gibt, daß alles sterben soll, was lebt. Und dann sagt Gott selbst doch ein „aber": „Aber mit dir will ich einen Bund aufrichten."

Gott sagt: „Alles Fleisches Ende ist vor mich gekommen."

Vor kurzem wurde in unserer Stadt beschlossen, ein großes Gebäude, das dem Verkehr im Wege stand, abzureißen. Was tat man nun? Das kann jedes Kind beantworten. Man errichtete Bauzäune, und dann kamen eine Menge Arbeiter mit Meißel, Pickeln und Hämmern und rissen es ab.

Gott will auch abreißen. Alles Fleisches Ende ist bei Ihm beschlossen. Aber statt nun umfassende Vorbereitungen zu treffen zum Abreißen, trifft Gott umfassende Vorbereitungen — zur Errettung. Wirklich umfassende Vorbereitungen! Gott spricht viel mehr in diesem Abschnitt von der Errettung als vom Abreißen. — So ist Gott.

Die Sintflut, in der die damalige Welt unterging, ist ja nur ein kleines Abbild von dem großen Ende, dem die Welt entgegeneilt (2. Petrus 3, 1—10 und Matthäus 24, 37 ff). Das Ende der Welt bereitet sich vor. Das wird ein großes Abreißen geben. Was aber tut Gott? Er trifft umfassende Vorbereitungen zur Errettung: Er sendet Seinen Sohn in die Welt, Er läßt Ihn für uns den Versöhnungstod sterben, Er erweckt Ihn von den Toten, Er gibt Seinen Heiligen Geist, Er gründet die Gemeinde — kurz, Er tut alles, um zu erretten.

Was können wir hieraus lernen?

Es fällt Gott sehr schwer, zu richten

Menschen, die das Alte Testament nicht richtig kennen, haben immer wieder die merkwürdige Vorstellung, als trete uns im Alten Testament nur ein zorniger und schrecklicher Gott entgegen. Als ich einmal mit einem Manne über die Bibel sprach, erklärte der mir: „Im Alten Testament regiert ein schrecklicher Gott der Rache. Der Gott des Neuen Testaments ist der Gott der Liebe. An den will ich glauben."

Welch ein merkwürdiger Irrtum! Der Mann hätte nur die ersten sechs Kapitel der Bibel lesen sollen, dann wäre er eines anderen belehrt worden. Die ganze Bibel bezeugt uns denselben lebendigen, dreieinigen Gott. Und Seine Barmherzigkeit leuchtet auch im Alten Testament aus jeder Seite heraus.

Gott muß eine Welt vernichten, und Er trifft Vorbereitungen zum Erretten. Da lernen wir den kennen, der nicht den Tod, sondern das Leben will.

Es gibt noch eine andere köstliche Stelle im Alten Testament, aus der so deutlich wird, wie schwer es Gott ankommt, zu richten:

„Mich sollte nicht jammern Ninives, solcher großen Stadt, in welcher sind mehr denn hundertzwanzigtausend Menschen, die nicht wissen Unterschied, was rechts oder links ist, dazu auch viele Tiere?" (Jona 4, 10 u. 11).

Gott ist ein gerechter Richter und ein heiliger Gott

In der Luther-Übersetzung heißt es: „Alles Fleisches Ende ist vor mich gekommen." Wörtlich steht da im Text: *„Alles Fleisches Ende ist bei mir beschlossen."*

Welch ein erschütterndes Wort!

Wir waren vielleicht schon einmal in einem Gerichtssaal. Lange sind die Verhandlungen hin und her gegangen. Lange sind die Zeugen vernommen worden. Der Staatsanwalt und die Rechtsanwälte haben gesprochen. Nun hat sich der Gerichtshof zur Beratung zurückgezogen.

Da geht die Tür auf. Der Gerichtshof kehrt zurück. Und nun kommt ein feierlicher Augenblick: Alle stehen auf, die Angeklagten und die Rechtsanwälte und der Staatsanwalt und die Zuhörer. Tiefe Stille liegt über dem Saal. In sie hinein tönt die Stimme des Richters — das Urteil wird gesprochen. Nun ist die Sache entschieden.

So ist es hier. Ein Urteil wird gesprochen vor dem göttlichen Gerichtshof. Wenn die Menschen nicht so laute Narren gewesen wären, dann hätten sie den Atem anhalten müssen, dann hätten sie es merken müssen, welch erschrockene Stille im Himmel und im Herzen Noahs war, als Gott das Urteil verkündigte: „Alles Fleisches Ende ist bei mir beschlossen."

Ein hartes Urteil? Ja, ein schreckliches Urteil. Sünde führt mit Sicherheit ins Verderben. O daß wir die Welt warnen könnten! O daß wir selber erschrecken wollten vor diesem Satz: „Sünde führt mit Sicherheit ins Verderben."

> „Denn was der Mensch säet, das wird er ernten. Wer auf sein Fleisch säet, der wird von dem Fleisch das Verderben ernten; wer aber auf den Geist säet, der wird von dem Geist das ewige Leben ernten" (Gal. 6, 7 f).

Irret euch nicht! Gott läßt sich nicht spotten!

Der Starke

Die geheime Macht der Sünde steckt in dem Wörtlein *„alles Fleisch"*. Der Mensch denkt so: „Was alle tun, das muß doch wohl recht sein. Der Weg, auf dem die vielen laufen, der muß ja wohl der richtige sein." Und wenn auch sein Gewissen ihn warnt, so denkt er doch: „Wenn alle sündigen, dann kann es wohl nicht so gefährlich sein!"

Man meint also, Gott sei gegen eine Massen-Rebellion machtlos. Als ich einmal einen jungen Mann warnte, weil er auf leichtsinnigen Wegen ging, und ihm sagte: „Wenn du so weitermachst, dann gehst du ganz bestimmt ewig verloren", da meinte er mit spöttischem Gesicht: „Dann müßten aber viele in die Hölle kommen." Darauf habe ich ihm nur sehr ernst erwidern können: „Es gehen auch sehr viele verloren." Das hat der Herr Jesus schon gesagt:

> „Gehet ein durch die enge Pforte! Denn die Pforte ist weit, und der Weg ist breit, der zur Verdammnis abführet; und ihrer sind v i e l e , die darauf wandeln" (Matth. 7, 23).

Gott erschrickt nicht vor einer Massen-Rebellion. Er ist der Starke, vor dem auch die Masse der Menschen nichts ist. Er ist der Mächtige, dem auch die Millionen von Menschen nicht entgegentreten können.

Noah wußte das. Darum wagte er es ganz allein mit Gott. Unsere Väter beteten im Blick auf das Reich Gottes:

> „Kommen viele nicht hinein,
> Laß mich unter wenig sein!"

Der heilige Rest

„Aber mit dir will ich einen Bund aufrichten."

Gott hat die ganze damalige Welt in einer erschütternden Flut zugrunde gehen lassen. Die Ausgrabungen geben uns Kunde von jener entsetzlichen Katastrophe, von diesem furchtbaren Gericht.

Aber den Noah und die Seinen hat Er errettet aus dem Gericht.

Da stoßen wir auf etwas, was in der Bibel eine große Rolle spielt: „Der heilige Rest."

Der Prophet Jesaja z. B. spricht viel davon. Gleich im ersten Kapitel ist davon die Rede, wie zerstört und elend alles ist, und klagend sagt er: „Was aber noch übrig ist von der Tochter Zion, ist wie ein Häuslein im Weinberge, wie eine Nachthütte in den Kürbisgärten" (Vers 8). Ein kleines Häuslein in einem Schrebergarten ist schrecklich wenig im Vergleich zu einer ganzen Stadt. Aber dies Häuslein bleibt eben übrig.

Als der Prophet Elia ganz verzweifelt zu Gott sagte: „Ich bin allein übriggeblieben!", erwiderte ihm Gott: „Ich will lassen übrigbleiben siebentausend: alle Knie, die sich nicht gebeugt haben vor Baal" (1. Könige 19, 18).

Da haben wir den „heiligen Rest". Der Prophet Jesaja gab seinem Sohn einen merkwürdigen Namen: „Schearjaschub", d. h. „ein Rest bekehrt sich" (Jesaja 7, 3). Er, der das Gericht verkündigen mußte, predigte doch durch den Namen seines Sohes von dem „heiligen Rest", den Gott sich erhalten will.

Auch in den letzten Zeiten der großen antichristlichen Trübsal, in denen es scheinen wird, als habe Gott verspielt und der Mensch gewonnen, wird dieser „heilige Rest" für Gott erhalten bleiben als ein Zeugnis für die Welt, daß Gott Sieger sein und bleiben wird.

3. GEHORSAM DES GLAUBENS

1. Mose 6, 22—1. Mose 7, 6:

„Und Noah tat alles, was ihm Gott gebot.

Und der Herr sprach zu Noah: Gehe in den Kasten, du und dein ganzes Haus; denn dich habe ich gerecht ersehen vor mir zu dieser Zeit.

Aus allerlei reinem Vieh nimm zu dir je sieben und sieben, das Männlein und sein Weiblein; von dem unreinen Vieh aber je ein Paar, das Männlein und sein Weiblein.

Desgleichen von den Vögeln unter dem Himmel je sieben und sieben, das Männlein und sein Weiblein, auf daß Same lebendig bleibe auf dem ganzen Erdboden.

Denn von nun an über sieben Tage will ich regnen lassen auf Erden vierzig Tage und vierzig Nächte und vertilgen von dem Erdboden alles, was Wesen hat, was ich gemacht habe.

Und Noah tat alles, was ihm der Herr gebot.

Er war aber sechshundert Jahre alt, da das Wasser der Sintflut auf Erden kam."

Da ist eine furchtbare Flut über die Welt gegangen. Alles, was lebte, ist umgekommen. Nur ein einziger Mann mit seiner Familie wurde errettet. Sollten wir nicht alle mit dem größten Interesse diesen erretteten Noah fragen: „Wie kam es, daß du errettet wurdest, daß du nicht umkamst?"

Wir tun gut, so zu fragen, denn es wird noch einmal ein großes Gericht Gottes über alles Fleisch ergehen. Da werden viele umkommen — nicht in einer Sintflut, sondern in der Verdammnis. Der Sohn Gottes, der es doch wirklich wissen muß, hat uns das mit großem Ernst bezeugt.

Wer da nicht mit umkommen will, wer gern errettet und selig werden will, der tut gut, sich an den Noah zu wenden und von ihm sich sagen zu lassen, wie man errettet wird.

Noah glaubte dem Wort des Herrn

Im elften Kapitel des Hebräerbriefes (Vers 7) wird auch von Noah gesprochen. Da heißt es:

> „Durch den Glauben hat Noah Gott geehrt und die Arche zubereitet
> zum Heil seines Hauses, da er ein göttliches Wort empfing über das,
> was man noch nicht sah."

Wir müssen uns die Lage einmal vorstellen. Dieser Mann fängt an,
mitten auf dem trockenen Lande ein riesiges, kielloses Schiff zu
bauen. Die Leute wundern sich und fragen: „Noah, was tust du da?"
Darauf bezeugt Noah ihnen das kommende Gericht Gottes. Die Antwort der Menschen ist überlegener Spott.

Aber Noah baut weiter. Die Sache erregt größeres Aufsehen. Die
Verwandtschaft des Noah kommt und versucht, ihn von seinem Bau
abzubringen. Das einzige, was Noah erwidern kann, ist: „Der Herr
hat es gesagt."

Allmählich wird Noah weithin im Lande berühmt als der größte
Narr, den es gibt. Was soll Noah dem Spott entgegensetzen? Nichts
anderes als dies: „Der Herr hat es gesagt."

Vielleicht hat sich die damalige Wissenschaft der Sache angenommen.
Sie hat mit großem Eifer bewiesen, daß solch eine große Flut gar
nicht möglich sei. Da haben sich die Gewissen, die durch Noahs Pre-
digt unruhig geworden waren, wieder beruhigt. Was aber sollte
Noah dem wissenschaftlichen Gutachten entgegensetzen als dies:
„Der Herr hat es gesagt"?

Ich denke mir, daß der Noah schreckliche Nachtstunden erlebt hat,
wo seine Vernunft sich meldete und ihm klarzumachen versuchte,
daß er doch ein Narr sei, wenn er gegen die ganze Welt stehe; daß
er sich lächerlich mache mit seiner Arche. Und Noah hat Fleisch und
Blut zum Schweigen gebracht mit dem Satz: „Der Herr hat es gesagt."

So hat Noah sich unter das Wort Gottes gestellt. Dem Worte glaubte
er, dem Worte war er gehorsam. Mit dem Worte wehrte er sich
gegen die Welt und gegen sich selbst. Das Wort war seine Hoffnung,
seine Zuflucht und seine Burg. An dem Worte Gottes richtete er sich
in seinem Tun aus. Und er behielt recht gegen die ganze Welt.

> „Durch den Glauben hat Noah Gott geehrt und die Arche zubereitet
> zum Heil seines Hauses, da er ein göttliches Wort emfing über das,
> was man nicht sah; und verdammte durch denselben die Welt und hat
> ererbt die Gerechtigkeit, die durch den Glauben kommt" (Hebr. 11, 7).

Nun sind wir in der gleichen Lage wie Noah. Auch uns verkündigt
Gottes Wort das zukünftige Gericht. Und ebenso zeigt uns Gottes
Wort den Weg zur Errettung. Und wir sind — wie Noah — gefragt,
ob wir Gott und Sein Gericht fürchten wollen und ob wir den Weg
zur Rettung beschreiten wollen.

Und wir sind auch darin in der gleichen Lage wie Noah, daß die Welt
über all das lacht und spottet. Sie fürchtet das Gericht nicht und
lächelt darüber, und sie verschmäht das, was die Bibel über die Errettung sagt.

Und nun sind wir vor die Entscheidung gestellt, ob wir der Welt glauben wollen und unserem eigenen Fleisch und Blut, oder ob wir dem Worte Gottes glauben wollen. Davon spricht der Apostel Paulus im 2. Petrusbrief, Kapitel 3, 3—14:

„Und wisset das aufs erste, daß in den letzten Tagen kommen werden Spötter, die nach ihren eigenen Lüsten wandeln

und sagen: Wo ist die Verheißung seiner Zukunft? Denn nachdem die Väter entschlafen sind, bleibt es alles, wie es von Anfang der Kreatur gewesen ist.

Aber aus Mutwillen wollen sie nicht wissen, daß der Himmel vorzeiten auch war, dazu die Erde aus Wasser, und im Wasser bestanden durch Gottes Wort;

dennoch ward zu der Zeit die Welt durch dieselben mit der Sintflut verderbt.

Also auch der Himmel, der jetzund ist, und die Erde werden durch sein Wort gespart, daß sie zum Feuer behalten werden auf den Tag des Gerichts und der Verdammnis der gottlosen Menschen.

Eins aber sei euch unverhalten, ihr Lieben, daß ein Tag vor dem Herrn ist wie tausend Jahre und tausend Jahre wie ein Tag.

Der Herr verzieht nicht die Verheißung, wie es etliche für einen Verzug achten; sondern er hat Geduld mit uns und will nicht, daß jemand verloren werde, sondern daß sich jedermann zur Buße kehre.

Es wird aber des Herrn Tag kommen wie ein Dieb in der Nacht, an welchem die Himmel zergehen werden mit großem Krachen; die Elemente aber werden vor Hitze schmelzen, und die Erde und die Werke, die darauf sind, werden verbrennen.

So nun das alles soll zergehen, wie sollt ihr denn geschickt sein mit heiligem Wandel und gottseligem Wesen,

daß ihr wartet und eilet zu der Zukunft des Tages des Herrn, an welchem die Himmel vom Feuer zergehen und die Elemente vor Hitze zerschmelzen werden!

Wir warten aber eines neuen Himmels und einer neuen Erde nach seiner Verheißung, in welchen Gerechtigkeit wohnt.

Darum, meine Lieben, dieweil ihr darauf warten sollt, so tut Fleiß, daß ihr vor ihm unbefleckt und unsträflich im Frieden erfunden werdet."

Das lernen wir von Noah: Wer errettet werden will, muß sich dem Worte Gottes anvertrauen. Darum legt der Teufel alles darauf an, unser Vertrauen zum Worte Gottes zu erschüttern. So hat er es schon bei Eva gemacht im Paradies. Da fing er an: „Sollte Gott gesagt haben...?" Und so geht es heute auch noch.

Es war im Kriege im Jahre 1917 in der Gegend von Verdun. Eines Abends sahen wir von der Beobachtung, wie durch einen Hohlweg, den wir bisher gar nicht beachtet hatten, die französischen Ablösungen nach vorne gingen. Was haben wir nun getan, als wir diesen Anmarschweg des Feindes entdeckt hatten? Die Antwort ist klar: Wir legten ein tolles Sperrfeuer auf diesen Anmarschweg.

So klug ist der Teufel auch. Er weiß, daß die Bibel der Anmarschweg ist zur Errettung. Darum legt er das tollste Sperrfeuer auf die Bibel. In jeder Weise sucht er uns dies Wort Gottes verdächtig und unglaubwürdig zu machen.

Wohl dem, der es macht wie Noah: Der hielt sich ans Wort Gottes — der Welt und seiner eigenen Vernunft zum Trotz. Der gab Gott die Ehre und — wurde errettet.

Noah wollte „partout" selig werden

An der Straßenecke stand eine Horde von Jungen. Es war Samstagnachmittag, und man beriet, was man am Sonntag tun wolle. Schließlich ging die allgemeine Meinung dahin, man wolle ins Strandbad gehen zum Baden.

„Wann gehen wir los?" fragte einer. Da schwirrten die Stimmen durcheinander: „Um sechs Uhr!" „Um sieben Uhr!" „Um acht Uhr!" Auf einmal ruft ein kleiner Knirps dazwischen: „Ich will aber erst in den Kindergottesdienst gehen!" Einen Moment ist erstauntes Schweigen. Dann geht ein rechtes Bubengelächter los. Und spöttisch ruft ein großer Bengel: „Nun ja! Wer partout selig werden will — na, der kann ja zu 'ner Predigt gehen!"

Am nächsten Tag kam der kleine Kerl zu mir, erzählte mir die Geschichte und wollte etwas weinerlich über den Spott klagen. „Junge", sagte ich zu ihm, „da brauchst du dich doch nicht zu beschweren! Es ist ja alles in Ordnung. Der große Junge hat völlig recht: Du willst doch gern selig werden. Das ist es ja, was uns von den anderen unterscheidet: W i r wollen partout errettet werden, und die anderen legen keinen Wert darauf."

So war es auch bei Noah. Er wollte nicht mit der Welt umkommen. Er hätte die Welt gern gewarnt und errettet. Aber wenn die Welt sich nicht warnen und erretten ließ, dann wollte er jedenfalls nicht mit der Welt verlorengehen.

Darum ließ er sich's alles kosten, errettet zu werden. Es war sicher eine kostspielige Sache, solch eine große Arche zu bauen. Das konnte Noah gar nicht allein. Er mußte Arbeiter anwerben und Zimmerleute, die ihm halfen. Aber Noah wußte: Die Errettung ist alles wert. Mag es kosten, was es will: Ich will gern selig werden.

Einem aufmerksamen Leser ist es vielleicht aufgefallen, daß im vorigen einmal der Ausdruck „errettet werden" und ein anderes Mal der Ausdruck „selig werden" gebraucht wurde. Die beiden Worte bedeuten völlig dasselbe. Wo in der Lutherbibel das Wort „selig werden" steht, da steht im ursprünglichen Text das Wort „errettet werden".

Es ist etwas Köstliches um Herzen, die von Gott erweckt wurden; um Herzen, die den Ruf der Bibel gehört haben: „Schaffet, daß ihr selig werdet, mit Furcht und Zittern" (Phil. 2, 12 b). Solche Herzen hat Gott lieb, und Er zeigt ihnen durch Sein Wort, wie sie zur Errettung kommen können.

Gegen Ende des vorigen Jahrhunderts gab Gott in der Stadt Essen eine mächtige Erweckung durch die Predigt eines geistesgewaltigen Mannes, Pastor Julius Dammann. Eine alte Bergmannswitwe hat mir aus jener Zeit erzählt, als viele erweckt wurden, die partout selig werden wollten. Ihre Erzählung ist es wert, daß sie weiterberichtet wird:

„Am Sonntag, dem 2. März 1885, sollten in Essen zwei neugewählte Pfarrer feierlich in ihr Essener Amt eingeführt werden: Pfarrer Dr. Lammers und Pfarrer Dammann. Als ich ankam, war die große Pauluskirche bereits überfüllt mit Menschen. Im Haupteingang mußte ich mit einem Stehplatz vorliebnehmen. Aber dieser Tag mit dieser Feier sollte der denkwürdigste Tag meines Leben bleiben, wo ich persönlich an meinem Herzen erlebte, daß ‚das Wort Gottes lebendig und kräftig ist und schärfer denn ein zweischneidig Schwert und durchdringt, bis daß es scheidet Seele und Geist, auch Mark und Bein, und ist ein Richter der Gedanken und Sinne des Herzens‘ (Hebräer 4, Vers 12), sonderlich wenn es von einem lebendigen Zeugen Jesu Christi verkündigt wird, der das gleiche erfahren hat. Pastor Dammann hatte seiner Einführungspredigt das Wort zugrunde gelegt (2. Korinther 4, Vers 1—6): ‚Darum auch wir, dieweil wir solch ein Amt haben, nachdem uns Barmherzigkeit widerfahren ist, so werden wir nicht müde, sondern meiden auch heimliche Schande und gehen nicht mit Schalkheit um, fälschen auch nicht Gottes Wort; sondern mit Offenbarung der Wahrheit beweisen wir uns wohl an aller Menschen Gewissen vor Gott. Ist nun unser Evangelium verdeckt, so ist's in denen, die verloren werden, verdeckt.' Mit gewaltiger Stimme ertönte es durch die große Pauluskirche: ‚Liebe Brüder und Schwestern! Ich habe vor keinem Wort in der Heiligen Schrift, von allen den hunderten und tausenden Wörtern, mehr Angst, als vor dem kleinen Wörtchen: verloren!' Es war genug für mich. Es hatte mein Herz getroffen. So laut er auch weitergepredigt hat und ich auch lauschte — das eine Wort ‚verloren‘ schien nur allein immer wieder in den Vordergrund zu treten. ‚Warum nur verloren?' — Antwort: ‚Wegen deiner Sünde! Auch du gehst verloren!' — So tönte es in meinem Innern. Zwei Predigten gab's an dem Sonntag zu hören — aber mit dem Wort ‚verloren‘ verließ ich das Gotteshaus. Jetzt weiß ich es: Alle, die von neuem geboren sind, denen zeigt der Herr durch Seinen Heiligen Geist zuallererst ihren verlorenen Zustand in der Sünde. Das Wie und Wo ist verschieden: ‚Der Wind bläset, wo er will, und du hörest sein Sausen wohl, aber du weißt nicht, von wannen er kommt und wohin er fährt.'

Eine schwere Woche war es für mich, in diesem verlorenen Zustand zu beharren. Keinen Menschen hatte ich, mit dem ich mich aussprechen konnte. So wartete ich brennend auf den Sonntag, an dem Pastor Dammann wieder predigte. Es war an einem Sonntagnachmittag wieder in der Pauluskirche. Das Lied wurde gesungen: ‚Zeuch ein zu deinen Toren, / sei meines Herzens Gast, / der du, da ich geboren, / mich neu geboren hast.' — Nach dem dritten Vers bestieg Dammann die Kanzel. Nach Gebet und Schriftverlesung begann er: ‚Ihr Lieben! Ihr habt soeben alle gesungen: ‚Ich war ein wilder Reben, / du hast mich gut gemacht.' War das auch Wahrheit von euch allen? Wo nicht — so sind alle, die es gesungen haben — Lügner!' Welch ein gewaltiges Wort, welches meine Seele durchdrang! Gesungen hatte ich es auch, aber erfahren noch nicht. Nun war auch ich ein Lügner. Mein verlorener Zustand verschlimmerte sich über diesen wenigen Worten derart, daß ich wieder weiter nichts hörte von der gewaltigen Predigt. Bekümmert ging ich nach Hause.

Es vergingen etliche Wochen. O wie seufzte ich von Grund meine Seele: ‚Mein Gott, zeige mir doch, wie ich dazu komme, daß ich nicht verloren gehe!' Ich wollte beten — bis dahin konnte ich ja nur auswendig gelernte Gebete. Nun lernte ich schreien zu Gott. Wieder ging ich zur Pauluskirche. Auf dem ganzen Weg von Stoppenberg bis Essen betete ich als ein einsames, irrendes Schäflein: ‚Eins ist not, ach Herr, dies eine / lehre mich erkennen doch! / Alles andre, wie's auch scheine, / ist ja nur ein schweres Joch.' Das ganze Lied betete ich bis zur Pauluskirche mehrmals durch. Als ich dort Platz genommen hatte, betete ich — doch nicht wie nach alter Gewohnheit das Vaterunser, sondern von innen heraus kam es wieder über meine Lippen: ‚Eins ist not, ach Herr, dies eine / lehre mich erkennen doch.' Dann schlug ich das angeschlagene Lied auf. Welches war's? — ‚Eins ist not, ach Herr, dies eine / lehre mich erkennen doch.' O wie flossen da meine Tränen! Dann betete ich: ‚Du lieber Gott, wenn alle diese Menschen mir heute durch dieses Lied rufen helfen: ‚Eins ist not, ach Herr, dies eine / lehre mich erkennen doch', — dann wirst du mich doch erhören.' Die Orgel ertönte; alle, alle fingen an zu singen. — Ich weinte und sang es betend — beim vierten Verse sah ich nach der Sakristeitür, bis sie sich öffnete. Als der Pastor die Kanzeltreppe hinaufstieg, betete ich: ‚Lieber Gott, gib es ihm doch heute, daß er mir sagt, wie ich nicht verlorengehe!' Die Gemeinde stand auf zum Gebet, darauf Schriftverlesung. Er begann mit den Worten: ‚Liebe Brüder und Schwestern, vernehmet im Glauben das Evangelium für den heutigen Sonntag Miserikordias Domini (mir ist Barmherzigkeit widerfahren). Es ist aufgezeichnet im Evangelium Johannes im 10. Kapitel, Vers 9: ‚Da sprach Jesus: Wahrlich, wahrlich, ich bin die Tür; so jemand durch mich eingeht, der wird selig werden und wird ein- und ausgehen und Weide finden.' Das Thema lautet: Jesus Christus, die rechte Tür des Lebens. Wir setzen darüber den Eingangsspruch: Wer ein- und ausgeht durch die Tür, / der soll bekennen für und für, / daß unser Heiland Jesus Christ / die rechte Tür des Lebens ist. Wir betrachten den ersten Teil: Alles Heil in Jesus! und den zweiten Teil: Ohne Jesus kein Heil!' Diese Worte gebrauchte Jesus aus dem Munde Seines Dieners, mein Herz ganz für Ihn zu erschließen und durch und durch zu erneuern.

Wenn nur bei diesen Worten schon ein Amen gefolgt wäre und wir die Kirche hätten verlassen können, ich wäre nach Hause geeilt, um ganz allein mich Jesus völlig zu weihen. Miserikordias Domini! Da mir der Herr das Herz auftat gleich Lydia! Ja, Taborstunden durfte ich dort erleben, als Jesus mir verklärt wurde durchs Wort und Seinen Geist. Wie erhebend klang auf die herrliche Predigt der Schlußvers durch das Gotteshaus: ‚Drum auch, Jesu, du alleine, / sollst mein ein und alles sein. / Prüf', erforsche, wie ich's meine, / tilge allen Heuchelschein. / Sieh', ob ich auf bösem, betrüglichen Stege / und leite mich, Höchster, auf ewigem Wege. / Gib, daß ich nichts achte, nicht Leiden und Tod. / Nur Jesum gewinnen: dies eine ist not!'

Nach dem Gottesdienst eilte ich, nach niemand mich umschauend, schnell nach Hause, die Treppe hinauf in mein Kämmerlein, wo es dunkel um mich und in mir gewesen war. Kaum hatte ich die Tür geöffnet, da schloß ich hinter mir zu. Vom Geiste Gottes getrieben warf ich mich auf meine Knie und betete aus tiefstem Herzen: ‚Ach, mein Heiland, ich danke dir, daß du als der Sohn Gottes vom Himmel auf die Erde gekommen, um mich Sünderin zu suchen und so selig zu machen. Ich danke dir, daß du dort am Kreuzesstamm dein kostbares, teures, heiliges Blut vergossen hast um aller meiner Sünden willen. Und weil du dies getan: siehe, Herr Jesus, hier schenke ich dir mein Herz und meine Seele. Aber nicht allein das: hier hast du meinen Leib mit allen seinen Gliedern.' Kaum hatte ich diese wenigen Worte über meine Lippen gebracht, so füllte ein unaussprechlicher Friede mein ganzes Herz, ja, überfließend war dasselbe, daß ich schon gleich konnte Fürbitte einlegen für meinen lieben Vater und meine liebe Mutter, daß auch sie bald diesen Frieden erlangen möchten. — O wahrlich, es bleibt bei dem wohlbekannten Gotteswort — und doch von so wenigen verstanden —, dem Jesuswort: ,Wahrlich, wahrlich, ich sage dir: es sei denn, daß jemand geboren werde aus Wasser und Geist, so kann er nicht in das Reich Gottes kommen' (Johannes 3, Vers 5)."

Noah tat den Willen Gottes

Zweimal heißt es in unserem Text: *„Und Noah tat alles, was ihm Gott gebot."*

Es war im Anfang des Jahres 1915, als ich mit ein paar Freunden von der Schulbank weg mich freiwillig zum Militär meldete. Da war ein Unteroffizier, der mochte diese „Einjährigen" nicht leiden. Er mag Grund gehabt haben, denn sicher haben wir uns furchtbar dumm angestellt. Nun hatte der alte Schnauzbart uns „gefressen" und ließ seine schlechte Laune immer wieder an uns aus. Er hat mich manches Mal um den Kasernenhof herumgejagt, daß mir beinahe die Beine vom Leibe fielen. Nun, es hat mir nichts geschadet. Aber wenn ich damals mit keuchenden Lungen um den Kasernenhof jagte, dann hatte ich doch einen fürchterlichen Zorn auf diesen „Schikanierkerl".

Es gibt sehr viele Menschen, die empfinden die Gebote Gottes ebenso wie ich jene Befehle des Unteroffiziers. Die Gebote Gottes kommen ihnen vor wie eine große Last. Wenn Gott gebietet: Wir sollen den Feiertag heiligen; wir sollen die Eltern ehren; wir sollen keusch und züchtig leben; wir sollen Ihm vor allem die Ehre geben — dann haben sie den Eindruck, diese Befehle Gottes kämen aus einem Schikanier-Willen heraus. Man empfindet Gottes Gebote als Last. Darum wirft man sie beiseite. Man spricht mit den Leuten des zweiten Psalms:

„Laßt uns zerreißen seine Bande und von uns werfen seine Seile."

Nun, Noah hätte allen Grund gehabt, die Anordnungen und Befehle Gottes als eine große Störung seines Lebens und als eine schwere Last anzusehen. Noah hat es nicht getan. Er hat fröhlich die Befehle Gottes ausgeführt, denn er wußte: „Gottes Befehle sind keine Schikane. Sie zielen vielmehr auf unsere Errettung."

Daß wir das doch begreifen möchten: Gott will uns nicht quälen. Gott hat uns lieb. Jedes Seiner Gebote ist Gnade. Wer sich im Gehorsam unter Gottes Gebot stellt, der wird nicht belastet, sondern frei. Gottes Wille ist ein guter und gnädiger Wille.

„O daß du auf meine Gebote merktest, so würde dein Friede sein wie ein Wasserstrom und deine Gerechtigkeit wie Meereswellen" (Jes. 48, 18).

Der ist ein seliger Mann, der wie Noah gehorsam den Willen Gottes tut.

Noah verachtet den Spott der Menge

Die Bibel erzählt davon nichts. Aber wir können es uns ausmalen, wie Noah ein Gespött der Leute wurde mit seinem Bau.

Die größten Nöte sind leichter zu ertragen als Spott. Petrus z. B. war bereit, für seinen Herrn und Heiland zu sterben. Das hat er auf dem Wege nach Gethsemane nicht nur so gesagt. Es war ihm ernst damit. Aber als eine Dienstmagd ihn dem Gespött der Kriegsknechte preisgab, da fiel er um. Dem war er nicht gewachsen (Lukas 22, 54 ff).

Wie viele Menschen sind wohl aus Furcht vor dem Spott der anderen um ihre ewige Errettung gekommen! Darum sagt der Apostel Paulus: „Werdet nicht der Menschen Knechte." Wer sein Ohr dem Worte Gottes schenkt und den Blick auf den Herrn gerichtet hält, der wird frei von Menschen.

In dem feinen Buch von Ernst Lange: „Hauptmann Willy Lange" wird von einem deutschen Offizier erzählt, der im 1. Weltkrieg fiel. Dieser Hauptmann Lange hat als junger Leutnant sein Leben dem Herrn übergeben. Darum wurde er ein gesegneter und herrlicher Mann. Unter dem Abschnitt „Die Bekehrung" wird in seiner Lebensbeschreibung erzählt:

In solcher schönen Herbstzeit, im September 1905, ritten einmal Willy Lange und Peter in der schönen Umgegend von Halberstadt, die Willy so vertraut und lieb geworden war. Peter hat es nie vergessen, wie zerrissen, verzweifelt, unglücklich das später so strahlende und friedevolle Gesicht Willys war, als er ihm sagte: „Ich habe es mir immer und immer wieder überlegt, — i c h k a n n n i c h t g e g e n a l l e W e l t s t e h e n, — i c h k a n n n i c h t, es geht nicht!" Das klang so bestimmt wie etwas abschließend Feststehendes, das man wohl bedauern, an dem man aber nichts mehr ändern kann. Peter schlug ihm vor: „Du siehst nur immer mich, — du müßtest mal mit anderen zusammenkommen; komm doch mit nach Rothenmoor, wo ich jetzt hinfahre, — da kommen mehrere andere Offiziere hin, da so stehen wie ich, mit denen kannst du dich ja aussprechen." Willy sagte nichts, — sie galoppierten eine lange Strecke, ohne zu reden, nebeneinander her, und bis sie nach Hause kamen, wurde „die" Frage nicht mehr berührt.

Aber dann entschloß sich Willy doch, und in den ersten Oktobertagen traf er mit Peter in Rothenmoor in Mecklenburg ein.

In Rothenmoor kam Willy nun unter ein Dutzend Offiziere, die alle den Weg gingen, den Peter ging: Jesus nach, den schmalen Weg — nachfolgend Seinen Fußtapfen.

Und hier war seine Stunde gekommen. Nach einer besonders ernsten Bibelstunde, in der man Gottes Macht durch Sein Wort spürte, bat Willy, nach noch einem kurzen Schwanken, den General von Viebahn um eine Unterredung — und übergab seinen Willen, sein Leben dem auferstandenen Herrn! „Der Herr brachte mich so weit — es hat wahrhaftig kein Mensch getan —, daß ich sagte: ‚Ja, Herr, ich will — koste es, was es wolle‘, und seitdem habe ich einen Frieden, der nicht zu beschreiben ist und der mich nicht wieder verlassen hat", schrieb er später an seine Mutter. „Es war mir in dem Augenblick, als die Entscheidung an mich herantrat, ganz deutlich so, als ob Vater mir zuredete, doch ja dem Herrn zu folgen."

4. DAS UNMÖGLICHE WIRD MÖGLICH

1. Mose 7, 7—10:

„Und er ging in den Kasten mit seinen Söhnen, seinem Weibe und seiner Söhne Weibern vor dem Gewässer der Sintflut.

Von dem reinen Vieh und von dem unreinen, von den Vögeln und von allem Gewürm auf Erden

gingen sie zu ihm in den Kasten paarweise, je ein Männlein und Weiblein, wie ihm Gott geboten hatte.

Und da die sieben Tage vergangen waren, kam das Gewässer der Sintflut auf Erden."

Drei Leute führen ein Gespräch über diese Geschichte: der Spötter, der Bibelfreund und der Christ.

Der Spötter sagt: „Eure Bibel ist doch wirklich ein abgestandenes Märchenbuch. Ich will euch gerne zugeben, daß allerlei Ausgrabungen die Geschichtlichkeit der Sintflut bestätigt haben. Aber was hier steht, das ist doch nun zu toll. Das sind alberne Märchen. Wie soll denn der Noah die Tiere in den Kasten bekommen haben? Der ist wohl jahrelang hinter den Biestern hergelaufen, um sie einzufangen. Und dann muß er ein bärenstarker Mann gewesen sein, daß er Löwen und Tiger in seine Arche bekam."

Der Bibelfreund: „Das stelle ich mir gar nicht schwierig vor. Wir wissen doch alle, daß Tiere durch ihren Instinkt bevorstehende Naturkatastrophen wittern und Schutz suchen, lange ehe der Mensch etwas davon gemerkt hat. Durch diesen Instinkt hat Gott dem Noah die Tiere wohl in die Arche getrieben."

Der Spötter: „Das muß aber ein schönes Gedränge gewesen sein. Ich glaube, daß die Arche zehnmal so groß hätte sein müssen, wenn alle Tierarten hätten darin Platz finden sollen."

Der Bibelfreund: „Lieber Mann! Du hast mir doch selber erzählt, daß die reiche Tierwelt auf wenige Arten zurückgehe. Ich könnte mir denken, daß die Tierwelt damals noch gar nicht so vielgestaltig war wie heute, so daß sie alle gut Platz hatten in der Arche."

Der Spötter: „Nun ja, das könnte sein. Aber das Ganze ist doch Unsinn. Glaubst du denn, daß die Tiere sich vertragen hätten? Die hätten sich innerhalb kurzer Zeit gegenseitig aufgefressen."

Der Bibelfreund: „Nun, Noah hatte ja drei Stockwerke in seinem Kasten. Vielleicht hat er sie weise so verteilt, daß nichts passieren konnte. Im übrigen: Man hat beobachtet, daß zahme Rehe und wilde Tiere vor Naturkatastrophen in derselben Höhle Schutz gesucht haben, ohne einander ein Leid zu tun . . ."

Jetzt mischt sich der Christ ins Gespräch: „Liebe Leute, was führt ihr für unnütze Worte? Die Bibel will uns vom lebendigen Gott erzählen. Hört ihr denn nicht, was hier gesagt wird? Der Noah bekommt einen Auftrag, der der Vernunft völlig unmöglich erscheint. Aber er glaubt dem Worte Gottes und ist gehorsam. Und so wird das Unmögliche möglich.

Zinzendorf sagt:

> „Denn seine Befehle sind lauter Versprechen,
> Durch alle verhauenen Bahnen zu brechen."

5. GOTT MACHT WIRKLICH ERNST

1. Mose 7, 11—24:

„In dem sechshundertsten Jahr des Alters Noahs, am siebzehnten Tage des zweiten Monats, das ist der Tag, da aufbrachen alle Brunnen der großen Tiefe, und taten sich auf die Fenster des Himmels

und kam ein Regen auf Erden vierzig Tage und vierzig Nächte.

Eben am selben Tage ging Noah in den Kasten mit Sem, Ham und Japhet, seinen Söhnen, und mit seinem Weibe und seiner Söhne drei Weibern;

dazu allerlei Getier nach seiner Art, allerlei Vieh nach seiner Art, allerlei Gewürm, das auf Erden kriecht, nach seiner Art und allerlei Vögel nach ihrer Art, alles, was fliegen konnte, alles, was Fittiche hatte.

Das ging alles zu Noah in den Kasten paarweise, von allem Fleisch, darin ein lebendiger Geist war;

und das waren Männlein und Weiblein von allerlei Fleisch, und gingen hinein, wie denn Gott ihm geboten hatte. Und der Herr schloß hinter ihm zu.

Da kam die Sintflut vierzig Tage auf Erden, und die Wasser wuchsen und hoben den Kasten auf und trugen ihn empor über die Erde.

Also nahm das Gewässer überhand und wuchs sehr auf Erden,
daß der Kasten auf dem Gewässer fuhr.

Und das Gewässer nahm überhand und wuchs so sehr auf Er-
den, daß alle hohen Berge unter dem ganzen Himmel bedeckt
wurden.

Fünfzehn Ellen hoch ging das Gewässer über die Berge, die be-
deckt wurden.

Da ging alles Fleisch unter, das auf Erden kriecht, an Vögeln,
an Vieh, an Tieren und an allem, was sich regt auf Erden, und
alle Menschen.

Alles, was einen lebendigen Odem hatte auf dem Trockenen,
das starb.

Also ward vertilgt alles, was auf dem Erdboden war, vom Men-
schen an bis auf das Vieh und auf das Gewürm und auf die
Vögel unter dem Himmel; das ward alles von der Erde vertilgt.
Allein Noah blieb übrig und was mit ihm in dem Kasten war.

Und das Gewässer stand auf Erden hundertfünfzig Tage."

Auf einer Wanderung kam ich durch ein Dorf. Auf dem Dorfplatz
vor der Kirche war lautes Geschrei und Gekreisch. Da sah ich, wie
eine große Schar Kinder hinter einem alten Mann herzog, der verkommen und blöde aussah. Ein Bauer erzählte mir: „Der Alte hat
alles, was er besaß, vertrunken. Jetzt lebt er vom Bettel, schläft auf
Heuböden und ist ein Gespött der Kinder."

Ja, das sah man. Lachend und schreiend und spottend zog die Dorf-
jugend hinter dem Alten her. Mit einem Male drehte er sich um,
schwang drohend seinen Knüppel und stieß wilde Worte aus.

Da stob die Schar auseinander. Aber lachend! Sie wußte genau:
Diese wilden Drohungen waren in keiner Weise ernst zu nehmen.

Es gibt sehr viele Menschen, die schätzen Gott so ein wie diesen
Alten. Sie wissen, daß ernste Worte vom Gericht in der Bibel stehen.
Aber sie denken: „Das wird ja wohl nicht so ernst gemeint sein. Und
im übrigen sind wir ordentliche Leute und tun unsere Pflicht."

Welch ein furchtbarer Irrtum! Gott ist kein lächerlicher alter Mann,
den man verachten darf. Gott ist ein heiliger Gott, der zu Seinem
Worte steht. Gott macht wirklich ernst.

Gott macht Ernst mit dem Gericht

„... am siebzehnten Tage des zweiten Monats, das ist der Tag, da
aufbrachen alle Brunnen der Tiefe, und taten sich auf die Fenster
des Himmels."

Noah zeugt vom Gericht — das Volk lacht und spottet. Noah baut —
das Volk bleibt ungläubig und wendet sich von ihm ab.

Noah vollendet die Arche — die Zimmerleute, die ihm geholfen haben, nennen ihn einen Narren —: *„Da kam der Tag, da aufbrachen alle Brunnen der großen Tiefe . . . da ging alles Fleisch unter, was sich regt auf Erden. Alles, was einen lebendigen Odem hatte auf dem Trocknen, das starb."*

Wie mag den Menschen zumute gewesen sein, als die Brunnen der Tiefe aufbrachen! Als die Überschwemmungen begannen, haben sie wohl zuerst spöttisch gelächelt und gesagt: „Man könnte ja fast meinen, der Noah hätte recht gehabt."

Dann wurden sie unruhig, als die Wasser stiegen: „Soll es denn wahr sein, was der Noah gesagt hat?"

Die Wasser stiegen weiter. Da wurden sie voll Angst. Sie begannen, ins Gebirge zu flüchten. Aber unerbittlich stiegen die Wasser.

Nun begannen sie, einander anzuklagen. „Ich habe dem Noah folgen wollen", sagte die Frau zum Mann, „aber du hast es mir ausgeredet!" — „Wir hätten dem Noah geglaubt", rief das einfache Volk, „aber die Gelehrten haben uns betrogen mit ihrer falschen Weisheit!"

Und unerbittlich stiegen die Fluten. Da begannen sie, sich selber anzuklagen: „Hätte ich doch . . . !" Aber ihre Anklagen gingen unter in dem Rauschen des Wassers.

Immer weiter stieg das Wasser. Jetzt fingen sie an zu beten und schrien zu Gott. Aber alles blieb still. Da fluchten sie Gott — und starben.

Vielleicht hat einer der Bauleute versucht, noch in die Arche hineinzukommen. Er hat sich an die Arche angeklammert und angeklopft: „Noah, mach auf! Ich habe dir doch geholfen! Ich habe mitgebaut." Aber die Tür blieb zu, denn Gott hatte sie verschlossen. Das ist wohl das Erschütterndste: anderen bei der Errettung geholfen zu haben und selber verlorenzugehen. Das ist eine ernste Sache für alle, die irgendwie mithelfen, daß Gottes Reich gebaut wird.

So ging alles Fleisch unter.

„Wie!" riefen die braven Leute, „sollen wir denn mit den Lumpen und Verbrechern zusammen verlorengehen?" — „Wie!" riefen die Könige, „sollen wir umkommen wie die Tagelöhner und Bettler?" — „Wie!" riefen die Jungen, „sollen wir umkommen wie die Alten, die ihr Leben gelebt haben?" — „Ja!" rief Gott ihnen zu im Rauschen des Regens und im Wogen der Fluten.

Gott macht wirklich Ernst. Das gilt nicht nur für damals, sondern auch für heute. Darum mahnt uns der Sohn Gottes:

> „Bald aber nach der Trübsal derselben Zeit werden Sonne und Mond den Schein verlieren, und die Sterne werden vom Himmel fallen, und die Kräfte der Himmel werden sich bewegen.
>
> Und alsdann wird erscheinen das Zeichen des Menschensohnes am Himmel. Und alsdann werden heulen alle Geschlechter auf Erden

und werden sehen kommen des Menschen Sohn in den Wolken des Himmels mit großer Kraft und Herrlichkeit.

Und er wird senden seine Engel mit hellen Posaunen, und sie werden sammeln seine Auserwählten von den vier Winden, von einem Ende des Himmels zu dem anderen.

Von dem Tage aber und von der Stunde weiß niemand, auch die Engel nicht im Himmel, sondern allein mein Vater.

Aber gleichwie es zu der Zeit Noahs war, also wird auch sein die Zukunft des Menschensohnes. Denn gleichwie sie waren in den Tagen vor der Sintflut — sie aßen, sie tranken, sie freiten und ließen sich freien, bis an den Tag, da Noah zu der Arche einging;

und sie achteten's nicht, bis die Sintflut kam und nahm sie alle dahin — also wird auch sein die Zukunft des Menschensohnes.

Dann werden zwei auf dem Felde sein; einer wird angenommen, und der andere wird verlassen werden. Zwei werden mahlen auf der Mühle; eine wird angenommen, und die andere wird verlassen werden.

Darum wachet; denn ihr wisset nicht, welche Stunde euer Herr kommen wird" (Matth. 24, 29—31 und 36—42).

Laßt uns doch zusehen, daß wir nicht mit der Welt verlorengehen!

Gott macht Ernst mit der Errettung

„Eben am selben Tage ging Noah in den Kasten . . ." Noah hat geglaubt. Noah hat gehorcht. Nun wird er errettet. *„Allein Noah blieb übrig und was mit ihm in dem Kasten war."* Gott macht Ernst mit der Errettung.

Das gilt auch uns. Auch für uns gibt es eine Errettung aus den Gerichten. Das ist die frohe Botschaft, die wir gar nicht laut genug in die Welt hineinrufen können.

Die Arche war ganz und gar Gottes Erfindung. Haben wir darauf geachtet, wie Gott bis ins kleinste hinein dem Noah die Arche zeigte? Noah hatte sich nicht selber eine Errettung geschaffen, sondern Gott hatte die Errettung gegeben.

So hat Gott auch für uns eine Errettung erdacht und gegeben. Sie ist uns gegeben in dem Namen „Jesus". Davon zeugt die ganze Bibel, von dieser Errettung, die kein Mensch schaffen konnte, aber die Gott in Jesus gegeben hat. Jesus selbst sagt:

„Wahrlich, wahrlich, ich sage euch: Wer mein Wort hört und glaubt dem, der mich gesandt hat, der hat das ewige Leben und kommt nicht in das Gericht, sondern er ist vom Tode zum Leben hindurchgedrungen" (Joh. 5, 24).

In seiner Pfingstpredigt zeigt Petrus in der Vollmacht des Heiligen Geistes allem Volk diese Errettung.

„Es soll geschehen, wer den Namen des Herrn Jesus anrufen wird, soll selig werden . . . Tut Buße und lasse sich ein jeglicher taufen auf den Namen Jesu Christi zur Vergebung der Sünden" (Apostelgeschichte 2, 21 und 38).

Da ist die Rettungsarche: „Wer den Namen des Herrn Jesus anrufen wird, soll selig werden." Es ist nicht zufällig, daß dieses Wort dreimal in der Bibel steht: Joel 3, 5; Apostelgeschichte 2, 21; Römer 10, 13.

„Und sie gingen hinein, wie denn Gott geboten hatte."

Gott schafft nicht nur die Errettung, sondern Er r u f t auch den Noah hinein in die Arche. Vielleicht wäre Noah doch noch nicht rechtzeitig hineingekommen in die Arche, wenn Gott ihn nicht hineingerufen hätte.

So macht es Gott auch mit uns. Er hat nicht nur eine Errettung in Jesus gegeben. Er ruft uns auch noch zu Jesus hin. Er hat die Hirten von Bethlehems Feld durch den Engel gerufen, Er hat die Weisen aus dem Morgenland durch den Stern gerufen, Er ruft uns durch Sein Wort und durch Seinen Geist. Es ist so wichtig, daß wir diesen Ruf hören.

Ein alter Bergmann aus dem Ruhrgebiet erzählte mir einmal: „Als junger Bursche bin ich von dem kleinen väterlichen Hof in Ostpreußen nach dem Ruhrgebiet gezogen. Ich meinte, da läge das Geld auf der Straße. Aber ich wurde schrecklich enttäuscht. Ich fand keine Arbeit. Niemand wollte mich haben. Schließlich war meine Barschaft aufgezehrt.

Mit zerrissenen Stiefeln und verzweifeltem Herzen ging ich eines Abends durch die belebten Straßen Bochums. Auf einmal hörte ich, wie da jemand über die Menge hin meinen Namen rief: ‚Johannes!' Ich wollte mich schon umdrehen nach dem Rufer. Aber dann dachte ich: ‚Hier kennt mich doch niemand. Das geht dich nichts an.' Da rief es ein zweites Mal: ‚Johannes!' Wieder drehte ich mich nicht um. Was sollte das mich angehen!

Da ruft es ein drittes Mal: ‚Johannes!' Es war so eindrücklich. Ich fahre herum. Auf dem Bock eines Pferdefuhrwerks, das gerade um die Ecke biegen will, sitzt ein Fuhrmann, der mir eifrig zuwinkt. Und da erkenne ich ihn: Es ist ein alter Schulfreund, der einige Jahre vorher nach dem Ruhrgebiet gezogen war. Der sah mein Elend. Der nahm mich auf, verschaffte mir Arbeit. Ohne ihn wäre ich hoffnungslos verkommen. Er hat mich gerettet.

Oft mußte ich denken: Was wäre aus mir geworden, wenn ich den dritten Ruf nicht beachtet hätte! Dann wäre das Fahrzeug um die Ecke gebogen. Der Freund hätte mich im Gewühl Bochums verloren. Und mein Leben wäre gescheitert."

So erzählte der alte Bergmann. Und dann fuhr er mit großem Ernst fort: „Und genau so war es mit dem Ruf Gottes in meinem Leben, der mich zu Jesus rief: Was wäre aus mir geworden und was würde aus mir werden in der Ewigkeit, wenn ich diesen Ruf nicht gehört hätte!"

In Hebräer 3, 7—13 steht geschrieben:

> „Heute, so ihr hören werdet seine Stimme, so verstocket eure Herzen nicht... Sehet zu, liebe Brüder, daß nicht jemand unter euch ein arges, ungläubiges Herz habe, das da abtrete von dem lebendigen Gott; sondern ermahnet euch selbst alle Tage, solange es ‚heute' heißt, daß nicht jemand unter euch verstockt werde durch Betrug der Sünde ."

„Und der Herr schloß hinter ihm zu."

Gott hat eine Errettung geschaffen durch die Arche. Gott hat den Noah hineingerufen. Nun schließt Gott auch noch zu.

Alles, was im Alten Testament steht, ist uns zur Lehre und zum Vorbild geschrieben. So ist dieses Zuschließen Gottes ein Vorbild auf die „Versiegelung mit dem Heiligen Geist".

Wenn ein Gewissen anfängt, Gott zu fürchten und sich auszustrecken nach der Errettung, ruft Gott es durch Sein Wort zu dem Heiland, der für uns gestorben und auferstanden ist. So kommt solch ein Mensch in die Arche Errettung hinein. Aber da ist es nun oft so, daß solch ein Herz in einer gewissen Unruhe und Ungewißheit bleibt, ob es denn wirklich von Jesus angenommen und errettet sei. Man quält sich mit der Furcht, man könnte wieder herausfallen. Man gibt sich große Mühe, Gott nicht zu betrüben durch Sünde, und muß doch täglich entdecken, wie tief die Sünde im Herzen steckt. Da werden dann die Furcht und Unruhe noch größer. Und man kommt zu keinem fröhlichen Christenstand.

Darum muß Gott hinter uns zuschließen, mit anderen Worten: Er versiegelt uns mit dem Heiligen Geist, der uns das Zeugnis gibt, daß Jesus „für mich gestorben und auferstanden und mein Heiland ist". Davon schreibt der Apostel Paulus verschiedentlich:

> „Gott ist's aber, der uns befestigt samt euch in Christum und uns gesalbt und versiegelt und in unsere Herzen das Pfand, den Geist, gegeben hat" (2. Kor. 1, 21 f).

> „Durch ihn seid ihr auch, da ihr gläubig wurdet, versiegelt worden mit dem heiligen Geist der Verheißung, welcher ist das Pfand unseres Erbes zu unserer Erlösung" (Eph. 1, 13 f).

> „Ihr habt einen kindlichen Geist empfangen, durch welchen wir rufen: Abba, lieber Vater! Derselbe Geist gibt Zeugnis unserem Geist, daß wir Gottes Kinder sind" (Röm. 8, 15 f).

„Und der Herr schloß hinter ihm zu."

Nun war Noah ein Gefangener Gottes. O, wie die Menschen das fürchten! Da ist aber nichts zu fürchten. Es ist besser, ein Gefangener Gottes zu sein als ein Gefangener der Sünde. Davon spricht Paulus in Römer 6, 20—22:

> „Denn da ihr der Sünde Knechte (wörtlich: Sklaven) waret, da waret ihr frei von der Gerechtigkeit. Was hattet ihr nun zu der Zeit für Frucht? Welcher ihr euch jetzt schämet; denn ihr Ende ist der Tod.

Nun ihr aber seid von der Sünde frei und Gottes Sklaven geworden, habt ihr eure Frucht, daß ihr heilig werdet, das Ende aber das ewige Leben."

Die Apostel haben es für eine köstliche Sache gehalten, ein Gefangener der Gnade Gottes zu sein. Darum nennt sich Paulus in all seinen Briefen mit Stolz ein „Knecht Gottes und Jesu Christi". Das Wort, das im griechischen Text hier steht, bedeutet etwas viel Ernsteres als unser deutsches Wort „Knecht". Es heißt wörtlich „Sklave". Ein Knecht kann gehen, wohin er will, aber ein Sklave ist ein Gefangener. Paulus wollte ein Gefangener der Gnade sein.

„Und der Herr schloß hinter ihm zu."

Nun umgab den Noah die Arche von allen Seiten. Das ist ein Bild eines rechten Lebens in Christus. Es genügt nicht, daß wir von der Errettung in Christus gehört haben oder daß wir dem Herrn Jesus irgendeinen Winkel unseres Lebens einräumen. Es kommt darauf an, daß wir „in der Gnade stehen". Darum sagt der Herr Jesus Seinen Jüngern: „Bleibet in mir."

Was ist das für eine herrliche Sache: Ein Kind Gottes ist von allen Seiten eingeschlossen in die Gnade und wird so bewahrt, während eine Welt untergeht.

„Und der Herr schloß hinter ihm zu."

Der Noah war nun in einer merkwürdigen Lage: Die Arche hatte kein Fenster, durch das man hinaussehen konnte. Nur ganz oben unter dem Dach war eine Öffnung, durch die das Licht hereinfiel. Wenn Noah da hinaussah, konnte er nur den Himmel sehen. Das Gericht, das über die Welt erging, den Untergang seiner Zeitgenossen sah er nicht mehr.

Es hat sich manch ein Christ Gedanken darüber gemacht, ob wir es denn ertragen könnten, gerettet zu sein, wenn die Welt im Gerichte Gottes untergeht. Nun, dieser Gedanke sollte uns Christen j e t z t unerträglich sein. Wir wollen mit unermüdlicher Liebe die Sünder zum Kreuze Jesu rufen. Wir wollen nicht müde werden, die Sünder zu warnen und das Heil anzubieten. Wenn aber einmal der Tag des Herrn kommt und die Würfel gefallen sind, dann wird die Gemeinde Jesu Christi — wie Noah — dem entnommen sein. Das Gericht ist das Gericht des heiligen Gottes und nicht unsere Sache. W i r dürfen in den Himmel hineinsehen.

„Und der Herr schloß hinter ihm zu."

Wie weit waren nun Noah und die Welt voneinander getrennt!

6. DER HERR DENKT AN SEINE LEUTE

1. Mose 8, 1—5:

„Da gedachte Gott an Noah und an alle Tiere und an alles Vieh, das mit ihm in dem Kasten war, und ließ Wind auf Erden kommen, und die Wasser fielen.

Und die Brunnen der Tiefe wurden verstopft samt den Fenstern des Himmels, und dem Regen vom Himmel ward gewehrt.

Und das Gewässer verlief sich von der Erde immer mehr und nahm ab nach hundertfünfzig Tagen.

Am siebzehnten Tage des siebenten Monats ließ sich der Kasten nieder auf das Gebirge Ararat.

Es nahm aber das Gewässer immer mehr ab bis auf den zehnten Monat. Am ersten Tage des zehnten Monats sahen der Berge Spitzen hervor."

Er vergißt die Seinen nicht

Wir Menschen sind oft vergeßliche Leute. Wieviel wichtige Aufträge und Dinge haben wir in unserem Leben doch schon vergessen!

Kann Gott auch etwas vergessen? Ja! Allerdings ist dies Vergessen Gottes anders als unser Vergessen. Gott vergißt nichts aus Versehen oder Unvollkommenheit wie wir. Gott kann nur das vergessen, was Er vergessen will. Immer wieder lesen wir in der Bibel: „Ich will seiner nimmermehr gedenken." Da spricht Gott es aus, daß es etwas gibt, was Er vergessen will.

Was kann Gott vergessen?

Erstens: alle Sünden, die im Blute Jesu getilgt sind. Die sind abgetan. Sie sind „in des Meeres Tiefe geworfen".

Zweitens: alle diejenigen, die das Heil Gottes mit Füßen treten. „Sie sind wie Spreu, die der Wind zerstreut." Deren Namen sollen ausgetilgt werden aus dem Buch des Lebens. Die sind vergessen vor Gott.

So kann Gott — wenn auch anders als wir Menschen — „vergessen". Aber ganz ausgeschlossen ist es, daß Gott je vergessen könnte, was Ihm von Ewigkeit her am Herzen liegt: Seine erwählte Gemeinde.

Gott vergißt die Seinen nicht. *„Da gedachte Gott an Noah."*

Das müssen wir uns recht merken. Die unerleuchtete Vernunft denkt gerade umgekehrt: „Es ist nicht eben schlimm, wenn man Gottes Heil mit Füßen tritt. Er wird ja am Ende doch in Gnaden meiner gedenken." Und wenn dann das Gewissen aufwacht und alle Sünden vor einem aufstehen, dann kann die Vernunft wiederum nicht fassen, daß im Blute Jesu eine Tilgung aller Sünden möglich ist. So kann die Vernunft es nicht fassen, daß Gott auch vergessen kann.

Umgekehrt kommt in den Herzen der Kinder Gottes aus dem alten Wesen heraus oft ein Sorgengeist auf, der sagt: „Gott hat meiner vergessen." Die Vernunft will es wiederum nicht fassen, daß Gott die Seinen nicht vergessen kann.

„Da gedachte Gott an Noah." Hier stehen wir wieder vor dem Wunder der Barmherzigkeit und der Geduld unseres Gottes. Mit welcher Freude und Liebe hatte Gott die Welt geschaffen! Das spricht aus jeder Zeile des ersten Kapitels in der Bibel. Nun war alles zerstört. Da könnten wir uns gut denken, daß Gott der Welt nun ganz den Rücken kehrte.

Ich habe meinen Kindern einmal jedem ein kleines Gärtchen angelegt. Mit großer Liebe haben sie gesät und gepflanzt. Aber in dem schattigen Großstadtgärtchen ist nicht viel aufgegangen. Da war es mir interessant zu sehen, wie von da an die Kinder diesem Gärtlein den Rücken gekehrt haben. Sie wollten nichts mehr davon wissen.

Es würde mich nicht wundern, wenn Gott es so mit der Welt gemacht hätte. Er tut es nicht. Er hat ein Auge auf sie, und in ihr besonders auf die Seinen. Er kommt nicht los von der Welt.

„Da gedachte Gott an Noah." Was ist denn schon vor dem großen Gott der eine Noah! Völker sind vor Ihm „wie ein Tropfen, so im Eimer bleibt, und wie ein Scherflein, so in der Waage bleibt" (Jesaja 40,15). Was ist da schon der eine Noah! Und doch steht es hier: „Da gedachte Gott an Noah." Gott kann das kleinste und armseligste Seiner Kinder nicht lassen. Ja, die Elendesten und Kränksten trägt der gute Hirte ganz besonders auf Seinen Armen.

„Da gedachte Gott an Noah." Wenn man die Verse Kapitel 7,11 und Kapitel 8,4 nebeneinanderhält, dann erfährt man, daß Noah nun schon fünf Monate in seiner Arche eingeschlossen war. Das ist eine entsetzlich lange Zeit. Draußen rauschten die Wasser. Noah war eingeschlossen, und ringsum war Schweigen. Und fünf Monate können sehr, sehr lang sein. Da hat Noah gewiß auch manchmal verzweiflungsvoll gedacht: „Gott hat mich vergessen." O unseliger Gedanke! Die Bibel gibt sich rechtschaffene Mühe, den Kindern Gottes diese Furcht auszureden. Wir wollen einige solcher Bibelstellen bringen:

„Er gedenkt und fragt nach ihrem Blut; er vergißt nicht des Schreiens der Armen" (Psalm 9,13).

„Warum soll der Gottlose Gott lästern und in seinem Herzen sprechen: du fragest nicht danach? Du siehst ja, denn du schaust das Elend und den Jammer; es steht in deinen Händen. Die Armen befehlen's dir" (Psalm 10,13 f).

„Zion aber spricht: Der Herr hat mich verlassen, der Herr hat mein vergessen. Kann auch ein Weib ihres Kindleins vergessen, daß sie sich nicht erbarme über den Sohn ihres Leibes? Und ob sie desselben vergäße, so will ich doch dein nicht vergessen. Siehe, in die Hände habe ich dich gezeichnet" (Jes. 49, 14 ff).

„Verkauft man nicht fünf Sperlinge um zwei Pfennige? Dennoch ist vor Gott deren nicht eines vergessen. Aber auch die Haare auf eurem Haupt sind alle gezählt. Darum fürchtet euch nicht; ihr seid besser als viele Sperlinge" (Luk. 12, 6 f).

„Wenn der Winter ausgeschneiet..."

Noah war in einer jammervollen Lage. Fünf Monate war er nun schon eingeschlossen. Er hatte von dem Untergang der Welt nichts gesehen, weil das Fenster hoch oben war. Aber er hatte wohl die Schreie der Sterbenden gehört und das Rauschen der Wasser. Seine Phantasie malte ihm die schrecklichen Bilder eines Weltuntergangs aus. Die Phantasie ist eine schlechte Begleiterin.

Er war eingeschlossen in ein Schiff, das doch kein Schiff war. Es war ein Schiff ohne Kiel, das darum wohl jämmerlich schaukelte. Er war eingeschlossen mit den vielen Tieren.

Und vor allem: Noah war in eine Lage gebracht, in der er sich ganz und gar nicht mehr selber helfen konnte.

Aber dann heißt es auf einmal: *„Da gedachte Gott an Noah ... und das Gewässer verlief sich ... und der Kasten ließ sich nieder auf dem Gebirge Ararat."*

Es gibt einen wundervollen Vers von Paul Gerhardt:

> *„Das weiß ich fürwahr und lasse*
> *Mir's nicht aus dem Sinne gehn:*
> *Christen-Kreuz hat seine Maße*
> *Und muß endlich stille stehn.*
> *Wenn der Winter ausgeschneiet,*
> *Tritt der schöne Sommer ein.*
> *Also wird auch nach der Pein,*
> *Wer's erwarten kann, erfreuet.*
> *Alles Ding währt seine Zeit,*
> *Gottes Lieb' in Ewigkeit."*

So haben es alle Menschen Gottes erfahren müssen. „Gott führt in die Hölle und führt wieder heraus" (1. Sam. 26). Er läßt den Noah schwere Tage in der Arche erleben. Aber wenn Seine Stunde kommt, öffnet Er ihm die Tür.

Er läßt den Hiob zum Bettler werden — und tröstet ihn doch wieder überschwenglich mit äußerem und innerem Gut.

Er läßt die Jünger in den Sturm geraten, daß sie völlig verzagen — und bringt sie doch sicher ans Land.

Er läßt die Gemeinde durch die Stürme der letzten Weltzeit gehen — und führt sie doch zur Herrlichkeit.

Wer zur Herrlichkeit Gottes gelangen will, darf die Trübsale nicht scheuen. „Wir müssen durch viel Trübsal in das Reich Gottes gehen" (Apostelgeschichte 14,22).

Darum sind die rechten Christen in Trübsal getrost, weil sie wissen:

> *„Wenn der Winter ausgeschneiet,*
> *Tritt der schöne Sommer ein..."*

Darum singen sie mitten im Winter die Frühlingslieder. Darum singen sie mitten im Unterliegen die Siegeslieder.

> *„Alles Ding währt seine Zeit,*
> *Gottes Lieb' in Ewigkeit."*

Das gilt auch für die geistlichen Bedrängnisse einer gläubigen Seele. Von dem großen Liederdichter Gerhard Tersteegen (geb. 25. November 1697) lesen wir: (*„Die von Herzen dir nachwandeln" von Wilh. Busch*, Schriftenmissions-Verlag, Gladbeck i. W.):

„Er suchte ernstlich Sinnesänderung, deswegen hat er ganze Nächte mit Lesen und Beten und guten Übungen zugebracht. Die neue Richtung seines Lebens brachte ihn innerlich mit seinen Angehörigen auseinander. Sein Wandern in der Nachfolge des armen Lebens Jesu machte ihn bei seinen Verwandten so verächtlich, daß sie ihn kaum nennen hören mochten; sie würdigten ihn nicht einmal, nach dem Sterben der Mutter bei der Aufteilung der Nachlassenschaft zugegen zu sein.

Nach beendeter Lehrzeit verließ Tersteegen den Kaufmannsstand und erlernte die Bandwirkerei, um in der Stille ein geistliches Leben führen zu können. Fünf Jahre lebte er in völliger Einsamkeit, in asketischer Anspruchslosigkeit — und in großen inneren Anfechtungen und Nöten. Nach fünfjähriger Dunkelheit ging ihm das Licht der Gnade strahlend auf: ‚Die versöhnende Gnade Gottes in Jesu Christo ward ihm so überzeugend bloßgelegt, daß sein Herz völlig beruhigt ward.' "

Ihm ist alles untertan

„Und die Brunnen der Tiefe wurden verstopft samt den Fenstern des Himmels, und dem Regen vom Himmel ward gewehrt."

Wie furchtbar war das Losbrechen dieser Katastrophe! Sicherlich hatten die Menschen der damaligen Zeit schon mancherlei Sicherheitsmaßnahmen gegen Naturkatastrophen geschaffen. Aber nun brach eine mit so schrecklicher Gewalt herein, daß sie den Menschen den Arm zerbrach und ihre Kraft lähmte. Sie, die sich so mächtig und stolz gefühlt hatten, sie standen nun machtlos vor diesen Gewalten.

Wie groß ist unser Gott! Es bedarf nur eines Wörtleins, und das, was den Menschen unmöglich schien, geschieht: Die grauenvollen Gewalten sind gebändigt. Ihm ist alles untertan.

Das weist uns aber auch darauf hin, daß wir Gott nicht in der Natur suchen dürfen. Gott ist nicht i n der Natur, sondern ü b e r der Natur.

Gott verschafft eine neue Wohnstatt

Die Erde ist untergegangen. Sie ist ertrunken, überflutet, bedeckt von den Wassern. Und die paar Menschen in der Arche sind doch für die Erde geschaffen. Nur auf der Erde können sie leben und existieren. Wohl manches Mal mag Noah sich den Kopf zerbrochen haben in den langen fünf Monaten, was denn aus ihm werden solle, wo er denn nun später bleiben solle.

Aber Gott schaffte ihm eine Wohnstätte. *„Und das Gewässer verlief sich von der Erde."*

Das deutet hin auf die letzte Zeit. In Offenbarung 20,11 heißt es:

> „Und ich sah einen großen, weißen Thron und den, der darauf saß; vor des Angesicht floh die Erde und der Himmel, und ihnen ward keine Stätte gefunden."

Ja, wo sollen denn die Erretteten hin, wenn „die Himmel mit großem Krachen zergehen, die Elemente vor Hitze schmelzen und die Erde und die Werke, die darauf sind, verbrennen" (2. Petrus 3,10)?

Gott verschafft Seinen Erretteten eine neue Wohnstatt. Darum spricht Petrus, nachdem er von dem Untergang der alten Welt geredet hat, voll Erwartung:

> „Wir warten aber eines neuen Himmels und einer neuen Erde nach seiner Verheißung, in welchen Gerechtigkeit wohnt" (2. Petr. 3, 13).

7. VOM WARTEN DER KINDER GOTTES

1. Mose 8,4—14:

„Am siebzehnten Tage des siebenten Monats ließ sich der Kasten nieder auf das Gebirge Ararat.

Es nahm aber das Gewässer immer mehr ab bis auf den zehnten Monat. Am ersten Tage des zehnten Monats sahen der Berge Spitzen hervor.

Nach vierzig Tagen tat Noah das Fenster auf an dem Kasten, das er gemacht hatte,

und ließ einen Raben ausfliegen; der flog immer hin und wieder her, bis das Gewässer vertrocknete auf Erden.

Danach ließ er eine Taube von sich ausfliegen, auf daß er erführe, ob das Gewässer gefallen wäre auf Erden.

Da aber die Taube nicht fand, da ihr Fuß ruhen konnte, kam sie wieder zu ihm in den Kasten; denn das Gewässer war noch auf dem ganzen Erdboden. Da tat er die Hand heraus und nahm sie zu sich in den Kasten.

Da harrte er noch weitere sieben Tage und ließ abermals eine Taube fliegen aus dem Kasten.

Die kam zu ihm zur Abendzeit, und siehe, ein Ölblatt hatte sie abgebrochen und trug's in ihrem Munde. Da merkte Noah, daß das Gewässer gefallen wäre auf Erden. Aber er harrte noch weitere sieben Tage und ließ eine Taube ausfliegen; die kam nicht wieder zu ihm.

Im sechshundertundersten Jahr des Alters Noahs, am ersten Tage des ersten Monats, vertrocknete das Gewässer auf Erden. Da tat Noah das Dach von dem Kasten und sah, daß der Erdboden ganz trocken war.

Also ward die Erde ganz trocken am siebenhundertzwanzigsten Tage des zweiten Monats."

Wir Menschen sind von Natur sehr ungeduldig. Nun steht Titus 2, 11 f:

> *„Es ist erschienen die heilsame Gnade Gottes allen Menschen und züchtigt uns, daß wir sollen verleugnen das ungöttliche Wesen... und gottselig leben in dieser Welt und warten..."*

So müssen die Kinder Gottes in der Schule Gottes es lernen, ihre ungeduldige Natur zu verleugnen. In der Schule Gottes lernt man die Geduld und das Warten.

Auch Noah mußte Geduld lernen. Fünf Monate lang hatte die Fahrt der Arche gedauert, bis sie sich am siebzehnten Tage des siebten Monats auf dem Gebirge Ararat niederließ. Da hing die Arche nun an dem Berggipfel. Zweieinhalb Monate lang geschah jetzt wiederum nichts. *„Am ersten Tage des zehnten Monats sahen der Berge Spitzen hervor."*

Von da an vergehen wiederum vierzig Tage. Da läßt Noah einen Raben ausfliegen. *„Der flog immer hin und wieder her."* Der hatte also offenbar noch keine Ruhestätte auf der Erde gefunden. Der bringt dem Noah keine Antwort. Wieder ist er auf das Warten gewiesen. *„Danach ließ er eine Taube von sich ausfliegen, auf daß er erführe, ob das Gewässer gefallen wäre auf Erden."*

Ist es uns nicht, als spürten wir hier die Ungeduld des Noah? Und wir können sie so gut verstehen, diese Ungeduld! Aber ihm wird keine Antwort. Gottes Stunde ist noch nicht da. Die Taube kommt zurück.

„Da harrte er noch weitere sieben Tage und ließ abermals eine Taube fliegen aus dem Kasten."

O Freude, der Noah bekommt ein Zeichen der Hoffnung: Die Taube bringt ein Ölblatt! Also grünen wieder Bäume auf der Erde.

Aber noch heißt Gott den Noah nicht aus dem Kasten gehen. *„Er harrte noch weitere sieben Tage und ließ eine Taube ausfliegen, die kam nicht wieder zu ihm."*

Da weiß Noah, daß die Erde trocken ist. Die Taube hat einen Nistplatz und Futter gefunden. Warum läßt Gott denn den Noah nun nicht aus dem Kasten? Noah kann sich nicht selber die Türe öffnen. Gott hat ja hinter ihm zugeschlossen. Und was Gott zugeschlossen hat, kann kein Mensch auftun (Offenbarung 3,7).

Jetzt reißt dem Noah der Geduldsfaden. Fünf Monate hatte die Fahrt der Arche gedauert. Seit ihrer Strandung am Berge Ararat hatte er noch einmal fünfeinhalb Monate warten müssen. Nun hält es Noah nicht mehr aus. *„Da tat Noah das Dach von dem Kasten."*

Kennen wir solche Lagen nicht? Da hat uns Gott nachdrücklich verschlossen. Und wir rütteln an den Türen in unserer Ungeduld. Und weil Gott nicht nach unserem Willen tun will, suchen wir uns eigene, ungeistliche Auswege, die doch zu nichts Gutem führen.

Denn Noah kam auf diese Weise nicht aus dem Kasten. Er brachte sich nur selber in innere Not. *„Er sah, daß der Erdboden trocken war."* So sah es für die Augen Noahs aus. Gott aber wußte es viel besser. Er wußte, daß diese Erde noch nicht geeignet war als Wohnung für Menschen. In Vers 14 heißt es: *„Also ward die Erde ganz trocken am 27. Tage des zweiten Monats."* Erst sechs Wochen später war die Erde „ganz trocken". Sechs Wochen mußte Noah noch warten. Das aufgehobene Dach zeugte wider ihn von seiner Ungeduld. Eine beschämende Lage.

Das alles ist uns zum Vorbild geschrieben. Kinder Gottes müssen in der Schule Gottes Geduld lernen. Im griechischen Neuen Testament steht dort, wo wir „Geduld" übersetzen, das Wort „hupomonä", d. h. wörtlich „Darunter-Bleibung". „Geduld" heißt: Unter dem bleiben, was Gott auf uns gelegt hat, bis Er es abnimmt.

Wie wird in der Bibel die Geduld gepriesen als eine feine und köstliche Tugend! Wir wollen einige Stellen anführen:

„Ein Geduldiger ist besser denn ein Starker" (Sprüche 16,32).

„Wer geduldig ist, der ist weise, wer aber ungeduldig ist, der offenbart seine Torheit" (Sprüche 14,29).

„Es ist ein köstlich Ding, geduldig sein und auf die Hilfe des Herrn hoffen" (Klagelieder 3,26).

„Geduld aber ist euch not, auf daß ihr den Willen Gottes tut und die Verheißung empfanget" (Hebr. 10,36).

„Wisset, daß euer Glaube, wenn er rechtschaffen ist, Geduld wirkt" (Jak. 1,3).

„Nehmet zum Exempel des Leidens und der Geduld die Propheten... Die Geduld Hiobs habt ihr gehört, und das Ende des Herrn habt ihr gesehen" (Jak. 5,10 f).

8. STAMMVATER
EINER NEUEN MENSCHHEIT?

1. Mose 8, 15—17:

„Da redete Gott mit Noah und sprach:

Gehe aus dem Kasten, du und dein Weib, deine Söhne und deiner Söhne Weiber mit dir.

Allerlei Getier, das bei dir ist, von allerlei Fleisch, an Vögeln, an Vieh und an allerlei Gewürm, das auf Erden kriecht, das gehe heraus mit dir, daß sie sich regen auf Erden und fruchtbar seien und sich mehren auf Erden."

Die Worte, die Gott hier spricht, erinnern an die Schöpfungsgeschichte. Mensch und Tier sollen sich mehren und fruchtbar sein und die Erde bevölkern.

Eine alte Menschheit ist untergegangen. Es könnte aussehen, als sollte Noah nun Anfänger und Stammvater einer neuen Menschheit sein.

Aber das ist nicht so. Der furchtbare Fluch der Erbsünde, der seit dem Sündenfall die Menschen zu gefallenen Menschen macht, ist auch weiter über dem Geschlecht Noahs wirksam. Wenige Zeilen später sagt Gott: „Das Dichten des menschlichen Herzens ist böse von Jugend auf." Die Leute, die aus der Arche errettet sind, sind nicht die Anfänger einer neuen Menschheit. Es sind nur Sünder unter der Gnade. Daß sie durch die Fluten hindurch errettet wurden, ist ein Vorbild unserer Taufe. So sagt Petrus (1. Petr. 3, 20 f):

> „Gott harrte und hatte Geduld zu den Zeiten Noahs, da man die Arche zurüstete, in welcher wenige, das ist acht Seelen, gerettet wurden durchs Wasser; welches nun auch uns selig macht in der Taufe, die durch jenes bedeutet ist."

Und doch fängt Noah eine neue Menschenreihe an. Damit wird er ein Hinweis auf Jesus Christus. Der ist der zweite Adam, mit dem in der gefallenen Welt eine neue Menschenreihe beginnt. Nicht der nach dem Fleisch geborene Noah ist es, sondern der durch den Geist geborene Jesus. Nicht Noah ist der Vater und Erzeuger der „Geistes-Menschen". Erst in Jesus beginnt das Neue in der gefallenen Menschheit. So sagt der Apostel Johannes:

> „Wie viele ihn aber aufnahmen, denen gab er Macht, Gottes Kinder zu werden, die an seinen Namen glauben;
>
> welche nicht von dem Geblüt noch von dem Willen des Fleisches noch von dem Willen eines Mannes, sondern von Gott geboren sind" (Joh. 1, 12 u. 13).

9. EIN FREUDENTAG

1. Mose 8,18 und 19:

„Also ging Noah heraus mit seinen Söhnen und mit seinem Weib und seiner Söhne Weibern.

Dazu allerlei Getier, allerlei Gewürm, allerlei Vögel und alles, was auf Erden kriecht; das ging aus dem Kasten, ein jegliches mit seinesgleichen."

Gott schließt auf

Nun hat Noahs Not ein Ende. Wie herrlich ist es, wenn Gott aus den Drangsalen herausführt! Da jauchzt das Herz. Wenn wir uns selber Auswege gesucht haben, kommt es zu keiner rechten Freude. Aber wo man Geduld gelernt und auf den Herrn gewartet hat, da ist die Erlösung ein unbeschreiblicher Freudentag.

Es gibt in alten Bilderbibeln ein Bild von Schnorr von Carolsfeld. Der hat es so dargestellt: Noah hat die Tiere aus dem Kasten laufen lassen. Die stürmen davon in die Freiheit.

Und nun tritt Noah mit den Seinen aus der Tür. Er steht da wie in Anbetung. Er hat seine Hände ausgebreitet und den Blick zum Himmel gehoben. Es ist, als wenn der Mund keine Worte mehr sagen könnte vor überwältigender Freude.

Das ist ein schwaches Vorbild auf die völlige Erlösung, der wir entgegengehen. Luther übersetzt im 126. Psalm:

> „Wenn der Herr die Gefangenen Zions erlösen wird, so werden wir sein wie die Träumenden. Dann wird unser Mund voll Lachens und unsere Zunge voll Rühmens sein. Da wird man sagen unter den Heiden: Der Herr hat Großes in ihnen getan. Der Herr hat Großes an uns getan; des sind wir fröhlich."

Das Vorbild der Gemeinde

Acht Menschen sind aus der ungeheuren Gerichtskatastrophe errettet worden. Wir haben schon hingewiesen auf 1. Petrus 3,20 f. Da sieht der Apostel Petrus in diesen acht Seelen ein Vorbild der erretteten und erlösten Gemeinde.

Wie diese acht durch die Arche wohl bewahrt blieben in den furchtbaren Gerichten Gottes, so bleibt die Gemeinde Jesu Christi in der Gnade ihres Herrn Jesu wohl bewahrt. Die Gnade ist ihre Arche, durch die sie hindurchgerettet wurden in die neue und zukünftige Welt hinein.

Nur acht wurden errettet. Wie wenige sind es im Blick auf eine ganze Menschheit, die verloren geht! Das ist eine ernste und erschütternde Sache.

Vor kurzem schrieb mir ein junger Mann, der auf einem sehr einsamen Posten steht: „Die Schar der Jünger ist klein. Wenn ich das nicht wüßte, würde ich und mancher mutlos werden."

Möchten wir doch bei den wenigen sein, die gerettet werden und die den großen Freudentag der ewigen Errettung und Erlösung feiern dürfen!

10. EIN LIEBLICHES OPFER

1. Mose, 8,20 und 21a:

„Noah aber baute dem Herrn einen Altar und nahm von allerlei reinem Vieh und von allerlei reinem Geflügel und opferte Brandopfer auf dem Altar.

Und der Herr roch den lieblichen Geruch."

Das erste, was Noah tut, ist dies: Er opfert ein Brandopfer.

Das ist gar nicht selbstverständlich. Wir könnten uns gut vorstellen, daß der Noah gesagt hätte: „Nun müssen wir aber vor allen Dingen eine Wohnung bauen. Und dann müssen wir mit Macht an das Aufbauwerk herangehen!"

Noah tritt zuerst vor den Herrn und opfert. Das Opfer des Noah bekommt das Zeugnis, daß es „lieblich" war. Es lohnt sich also, sich mit diesem Opfer zu beschäftigen. Was bedeutet es?

Der Drang zum Gebet

Dies Opfer zeugt zunächst einfach davon, daß der Noah ein Beter war. Er kann mit dem Neuaufbau der Erde nicht anfangen, ehe er mit dem Herrn geredet hat. Er kann überhaupt nichts tun, ehe er gebetet hat. In Hesekiel 14,14 werden als die drei vollmächtigen Beter des Alten Bundes Noah, Daniel und Hiob genannt.

Daß wir doch solche Beter wären! Der Herr verheißt in Sacharja 12,10:

„Ich will ausgießen den Geist der Gnade und des Gebets."

Der große Entdecker Inner-Afrikas, Livingstone, starb auf seltsame Weise. Seine Träger standen eines Morgens lange wartend vor seinem Zelt. Als ihr Herr gar nicht erscheinen wollte, betraten sie das Zelt. Da sahen sie ihren Herrn auf den Knien liegen. Die Hände waren zum Gebet gefaltet, und das Haupt lag darüber.

Sie wollten ihn nicht stören und warteten lange draußen. Als er gar nicht kommen wollte, betraten sie das Zelt wieder. Er lag noch in derselben Stellung. Und da sahen sie, daß er tot war.

Es ist etwas Großes um solche Beter.

Das Opfer bedeutet Dank

Noah will mit seinem Opfer Gott für die Errettung danken. Das ist ihm das wichtigste Anliegen, daß vor allem Gott die Ehre bekommt.

Solches Danken liegt dem natürlichen Herzen gar nicht. Man lese nur einmal die Geschichte Lukas 17, 11 ff.

Kennen wir die Geschichte von der Wüstenwanderung des alttestamentlichen Volkes Gottes? Unausdenkbare Wunder hat Gott an den Israeliten getan. Er hat sie aus Ägypten gerissen und durchs Rote Meer geführt. Er hat ihnen Speise gegeben in der Wüste und hat sie wie auf Adlers Flügeln getragen.

Und doch hören wir immer wieder von dem Murren dieser Leute.

Ja, man kann sein Leben so verbringen wie dies Volk. Man schaut nur immer auf das Schwere und murrt. Gottesmenschen machen es anders. Sie sehen auf die Wohltaten ihres Herrn und — danken.

Ich habe einen lieben Freund, dem wurde im Jahre 1917 das Bein abgeschossen. Aber es ist seltsam: So oft er von jener furchtbaren Nacht spricht, als er halb verblutet zwischen den Linien lag, weiß er nur davon zu berichten, wie Jesus sein Herz mit einem unaussprechlichen Frieden erfüllt habe. Ich habe aus seinem Munde noch nie ein Wort der Klage gehört über den Verlust seines Beines. Er weiß nur davon zu reden, was der Herr in jener Stunde und seitdem an ihm getan habe.

Ich kenne einen alten, reifen Christen, den habe ich einmal gefragt: „Wie kommt es, daß du immer so fröhlich bist?" Da antwortete er: „Ich habe ein gutes Rezept: Wenn ich des Morgens aufwache, dann falte ich zuerst meine Hände und sage: ‚Herr Jesus, ich danke dir, daß du mich auch für heute zu deinem Eigentum erkauft hast.' Dann erst stehe ich auf."

Es ist etwas Köstliches um solche „lieblichen" Dankopfer.

Das Opfer bedeutet Versöhnung

Das war der eigentliche Sinn jeglichen Tieropfers im Alten Bunde: Der Mensch, der Sünder, braucht Versöhnung, Versöhnung mit Gott. Und so ist jedes Opfer, auch das Opfer des Noah, ein Hinweis auf „das Lamm Gottes, welches der Welt Sünde trägt", auf den Herrn Jesus, der sich selbst geopfert hat zu unserer Versöhnung.

Das ist nun etwas Wunderbares, daß Noah solch ein Opfer darbringt. Der Noah war als einziger aus dem Gericht Gottes errettet worden. Nun hätte sein Herz sprechen können: „Ich bin doch ein prächtiger Mensch, daß Gott solch ein Wohlgefallen an mir hat. Ich muß doch ein ganz besonderer Mann sein, daß Gott mich vor allen anderen erwählt hat."

Aber so denkt Noah nicht. Er weiß: „Erbarmung ist's — und weiter nichts."

Er weiß: „Auch ich hätte das Gericht und den Tod verdient." Und nun ist sein Herz voll demütiger Dankbarkeit, daß an seiner Statt das Opferlamm stirbt, und er darf versöhnt im Frieden Gottes stehn. Vielleicht hat er dabei ganz besonders an seine Ungeduld gedacht, durch die er Gott beleidigte, als er das Dach der Arche abhob.

Wenn nun schon ein Noah ohne Versöhnungsopfer nicht vor Gott stehen kann, wieviel nötiger ist uns eine Versöhnung, die wir doch nicht Leute wie Noah sind. Gott sei gepriesen, daß uns im Kreuze Jesu dies Versöhnungsopfer geschenkt ist! Hier sollten wir täglich und stündlich unsere Zuflucht haben.

Das Ganz-Opfer

Noah brachte ein Brandopfer dar. Bei diesem Brandopfer wurde das ganze Opferlamm vom Feuer verzehrt. Es gab andere Opfer, bei denen nur Teile des Opfertieres geopfert wurden. Noah aber brachte ein „Ganz-Opfer". Damit wollte er wohl seine völlige Hingabe an Gott zum Ausdruck bringen. Der Herr hatte ihm sein Leben vom Tode errettet. Nun gab er es dem Herrn hin.

11. DER NOACHITISCHE BUND

1. Mose 8,21 — 1. Mose 9,19:

„Und der Herr sprach in seinem Herzen: Ich will hinfort nicht mehr die Erde verfluchen um der Menschen willen; denn das Dichten des menschlichen Herzens ist böse von Jugend auf. Und ich will hinfort nicht mehr schlagen alles, was da lebt, wie ich getan habe.

Solange die Erde steht, soll nicht aufhören Saat und Ernte, Frost und Hitze, Sommer und Winter, Tag und Nacht.

Und Gott segnete Noah und seine Söhne und sprach: Seid fruchtbar und mehret euch und erfüllet die Erde. Furcht und Schrecken vor euch sei über alle Tiere auf Erden . . .

In eure Hände seien sie gegeben.

Alles, was sich regt und lebt, das sei eure Speise . . .

Auch will ich eures Leibes Blut rächen . . . und will des Menschen Leben rächen an einem jeglichen Menschen als dem, der sein Bruder ist.

Wer Menschenblut vergießt, des Blut soll auch durch Menschen vergossen werden; denn Gott hat den Menschen zu seinem Bilde gemacht . . .

Und Gott sagte zu Noah und seinen Söhnen mit ihm:

Siehe, ich richte mit euch einen Bund auf und mit euren Nachkommen nach euch . . .

Und ich richte meinen Bund also mit euch auf, daß hinfort nicht mehr alles Fleisch verderbt soll werden mit dem Wasser der Sintflut . . .

Und Gott sprach: Das ist das Zeichen des Bundes, den ich gemacht habe . . .

Meinen Bogen habe ich gesetzt in die Wolken . . .

Und wenn es kommt, daß ich Wolken über die Erde führe, so soll man meinen Bogen sehen in den Wolken.

Alsdann will ich gedenken an meinen Bund zwischen mir und euch und allen lebendigen Seelen in allerlei Fleisch, daß nicht mehr hinfort eine Sintflut komme, die alles Fleisch verderbe . . .

Die Söhne Noahs, die aus dem Kasten gingen, sind diese: Sem, Ham, Japhet. Ham aber ist der Vater Kanaans . . .

. . . von denen ist alles Land besetzt.“

Der Bund selbst

Die gefallene Welt verdiente längst das Ende. Gott aber knüpft immer wieder von neuem an — durch Bundesschlüsse.

Hier haben wir es zu tun mit dem noachitischen Bund. Da verspricht Gott in Seiner großen Barmherzigkeit, daß Er die Welt erhalten wolle. *„Solange die Erde steht, soll nicht aufhören Saat und Ernte, Frost und Hitze, Sommer und Winter, Tag und Nacht.“*

Während der in Jesus geschlossene Gnadenbund in Ewigkeit Geltung hat, bezieht sich dieser Bund nur auf die Dauer dieser Weltzeit. „Solange die Erde steht . . .“ Die Welt ist also nicht einmal von Gott geschaffen und dann ihrem Schicksal überlassen worden, sondern sie lebt in jeder Sekunde von der Erhaltung durch Gott.

Die Gesetze des Bundes

„Seid fruchtbar und mehret euch und erfüllet die Erde.“ Der Mensch wird also hier in die Welt hineingewiesen. Er soll „ja“ sagen zur Welt. Auch die Kinder Gottes dürfen nicht aus der Welt heraus-

fliehen, sondern sollen ihre irdischen Aufgaben in der Welt und an der Welt treu erfüllen.

„Furcht und Schrecken vor euch sei über alle Tiere auf Erden." Wie im Paradies wird der Mensch noch einmal zum Herrn über die Schöpfung gemacht. Aber es ist nicht mehr wie im Paradies. Es fehlt die göttliche Harmonie. Man spürt diesen Worten an, wie der Sündenfall die Harmonie des Paradieses zerstört hat.

„Wer Menschenblut vergießt, des Blut soll auch von Menschen vergossen werden; denn Gott hat den Menschen zu seinem Bilde gemacht."

Der Mensch darf nicht gegen seinesgleichen vorgehen wie gegen Tiere. Er soll Respekt haben vor dem Ebenbild Gottes. Gott betont die Unantastbarkeit des Menschenlebens, weil das Töten des Menschen eine Verletzung S e i n e r Hoheit ist.

Wir verstehen das Wort sicher nicht richtig, wenn wir hier eine Aufforderung zu Krieg oder zum Vollzug der Todesstrafe herauslesen; denn das würde ja wiederum bedeuten, daß Menschenblut vergossen wird. Gott stellt hier gleichsam eine Art Naturgesetz auf: daß jeder Mörder unter Gottes Ächtung steht. Gott will über dem Menschenleben wachen. Daß Er in dieser gefallenen Welt zum Gericht über die Mörder Menschen benützt, ist schlimm für diese Werkzeuge Gottes. Aber ganz schlimm wäre es, wenn wir hier ein Recht zu weiterem Töten ablesen wollten.

Diese drei Gesetze ermöglichen das Bestehen und Weiterleben der gefallenen Welt bis zu jener Zeit, die Jesus in Lukas 21,25—27 so schildert:

> „Und es werden Zeichen geschehen an Sonne und Mond und Sternen; und auf Erden wird den Leuten bange sein, und sie werden zagen, und das Meer und die Wasserwogen werden brausen, und die Menschen werden verschmachten vor Furcht und vor Warten der Dinge, die kommen sollen auf Erden; denn auch der Himmel Kräfte werden sich bewegen. Und alsdann werden sie sehen des Menschen Sohn kommen in der Wolke mit großer Kraft und Herrlichkeit."

Das Zeichen des Bundes

Gott will die gefallene Welt bis zu ihrem Ende erhalten. Als Zeichen hat Er den wundervollen Regenbogen in die Wolken gesetzt. Wie verständnislos steht der natürliche Mensch auch vor diesem Bundeszeichen! Wenn ein Christ aber dieses Zeichen in den Wolken sieht, dann sollte er die Hände falten und anbeten vor der Geduld, mit der Gott die gefallene Erde von Jahr zu Jahr trägt und erhält.

Wieviel größer und herrlicher aber ist das andere Bundeszeichen, das von einem ewigen Bunde spricht, der nie vergehen soll: das Kreuz Jesu Christi auf Golgatha!

Die Wirkung des Bundes

„Von denen ist alles Land besetzt."

Nun kann der Mensch an sein Tagewerk gehen und fröhlich das Seinige schaffen. Denn er ist ja bewahrt und getragen von Gottes Geduld. Nun kann er das „Land einnehmen", denn Gott gibt ihm Leben und Odem. Und wenn der gottlose Mensch Gott lästern will, dann ist Gott sogar so geduldig, daß Er ihm dazu den Mund und das Gehirn und den Atem gibt. Und wenn der Mensch Gott mit seinem Tagewerk ehren will, dann gibt ihm auch dazu Gott alles, was er braucht. Das ist die Wirkung des noachitischen Bundes.

12. HERZEN WERDEN OFFENBAR

1. Mose 9, 20—23:

„Noah aber fing an und ward ein Ackermann und pflanzte Weinberge.

Und da er von dem Wein trank, ward er trunken und lag in der Hütte aufgedeckt.

Da nun Ham, Kanaans Vater, sah seines Vaters Blöße, sagte er's seinen beiden Brüdern draußen.

Da nahmen Sem und Japhet ein Kleid und legten es auf ihrer beider Schultern und gingen rücklings hinzu und deckten ihres Vaters Blöße zu; und ihr Angesicht war abgewandt, daß sie ihres Vaters Blöße nicht sahen."

„Bewahre mich Gott"!

„Noah aber fing an und ward ein Ackermann." Mit welchen Gefühlen mag Noah diese Aufbauarbeit begonnen haben! Wenn er die Spuren der Verwüstung sah, dann zitterte sein Herz vor dem Ernst Gottes. Und der Dank für die wunderbare Errettung durchströmte sein Herz.

Aber starke Eindrücke treten zurück. Es kommt der gewöhnliche Alltag. Und da ist es so wichtig, daß wir jeden Tag beten: „Bewahre mich, Gott, denn ich traue auf dich."

Es ist ein trübes Bild, das uns hier gezeigt wird. Noah hat einen Weinberg gepflanzt. Nun liegt er nach dem Genuß des Weines in unwürdiger Haltung und betrunken in seiner Hütte. Vielleicht war es so, daß Noah die Wirkung des Weines noch nicht kannte. Jedenfalls — ein trübes Bild!

Durch dies Bild will Gott uns Verschiedenes sagen:

1. Wir lernen hier die Wahrhaftigkeit der biblischen Berichterstattung kennen. Menschliche Lebensbeschreibungen sind meist so, daß die Fehler und Schwächen wegretuschiert sind. Und die Tugenden treten hell hervor. Der Geist Gottes, der der eigentliche Urheber der Heiligen Schrift ist, ist ein wahrhaftiger Berichterstatter. Er zeigt uns auch die Großen im Reiche Gottes — nicht, wie wir sie gerne sehen möchten, sondern wie sie sind. Das kann uns Vertrauen geben zur Heiligen Schrift.

2. Auch die Größten im Reiche Gottes leben von der Gnade. Wie hat sich Noah nach dem traurigen Vorfall wohl gebeugt vor Gott! Wie war er wohl im Herzen gedemütigt und klein! Wie hat er seine Zuflucht nehmen müssen zum Versöhnungsopfer!

3. Christen sollten sich in acht nehmen vor allerlei Rauschgiften. Wie hat gerade der Alkohol manches Kind Gottes in unwürdige Lagen gebracht!

Ein dunkler Tag

Ja, das war ein unheimlicher Tag in der Familie Noahs. Mit einem Schlage wurden die Herzen offenbar. Aus den folgenden Versen in der Bibel wird deutlich, daß nicht nur Ham, sondern auch sein Sohn Kanaan an dieser üblen Geschichte beteiligt war. Vater und Sohn waren einander gleich. Sie hatten rohe Herzen. Zweifach ist ihre Sünde.

1. Sie übertraten frevelhaft das Gebot, das Gott auch in ihre Herzen gelegt hatte, und das Er später am Sinai so formulierte: „Du sollst deinen Vater und deine Mutter ehren..." Wie furchtbar ist es, daß der Vater den Sohn anleitet, das Gebot Gottes zu verachten! Wenn man die beiden zur Rede gestellt hätte, dann hätten sie gewiß geantwortet: „Wie können wir den Vater und Großvater ehren, wenn er in so unwürdiger Lage vor uns liegt?" Darauf ist zu sagen, daß das Gebot Gottes keine Ausnahme kennt. Die Eltern sollen nicht nur dann geehrt werden, wenn sie es wert sind. Gottes Gebot heißt ausnahmslos: „Du sollst deinen Vater und deine Mutter ehren..."

2. Sie hatten Freude am Niedrigen. Ihr Vater Noah war ihnen eine ehrfurchtgebietende Erscheinung. Er war ihren rohen, sinnlichen Herzen ein ständiger Vorwurf. Nun waren sie überglücklich, daß sie ihn in Schwachheit sahen. Was sind das für niedrige Herzen, die an den Großen die Armseligkeiten aufstöbern und sich daran freuen! Wie armselig muß es um ein Herz beschaffen sein, das Freude am Gemeinen hat!

Zwei edle Männer

Die beiden anderen Söhne Noahs stehen hier als herrliches Vorbild vor uns.

1. Sie trennen sich deutlich von dem Geiste Hams und Kanaans. Sie widerstehen und widersetzen sich diesem Geist, der Freude am Gemeinen hat.

Sie lassen sich von Ham und Kanaan nicht mit hineinziehen in deren armselige Schmutzwelt. O Gott, schenke uns allezeit solche jungen Männer, die dem Geist von unten widerstehen, die sich nicht hineinziehen lassen!

Es gibt eine feine Geschichte aus der Jugendzeit eines deutschen Fürsten. Der saß eines Tages bei einem Festmahl. Als leichtfertige Reden geführt wurden, schwoll ihm die Zornesader. Je mehr die anderen tranken, desto nüchterner wurde er. Und als nun ein paar leichtsinnige Tänzerinnen den Saal betraten, da sprang er auf, stieß seinen Stuhl zurück und rief: „Ich bin es Gott und meinem Vaterland schuldig zu gehen."

2. Sie wollten die Blöße ihres Vaters nicht sehen, sondern deckten sie zu. Das ist eine Frucht des Heiligen Geistes, daß man die Fehler anderer nicht aufstöbert und aufdeckt, sondern sie zudeckt. Wie sagt Luther in der Erklärung zum 8. Gebot?

> *„Wir sollen Gott fürchten und lieben, daß wir unseren Nächsten nicht fälschlich belügen, verraten, afterreden oder bösen Leumund machen. Sondern sollen ihn entschuldigen, Gutes von ihm reden und alles zum Besten kehren."*

13. DER BESCHLUSS

1. Mose 9, 28 und 29:

„Noah aber lebte nach der Sintflut dreihundertfünfzig Jahre,

daß sein ganzes Alter ward neunhundertfünfzig Jahre, und starb."

„... und starb."

Ein reiches Leben ist zu Ende gekommen. Es war ein Leben, an dem Gott sich verherrlichen konnte, ein Leben, das ganz und gar von der Gnade lebte.

„... *und starb.*" Merkwürdig hart klingt dieser Schluß der Noah-Geschichte. Es klingt, als habe der Tod das letzte Wort. Und so wird dies letzte Wort in der Geschichte wiederum ein ausgestreckter Finger auf den hin, der gesagt hat:

> „Ich bin die Auferstehung und das Leben. Wer an mich glaubt, der wird leben, ob er gleich stürbe; denn wer da lebet und glaubet an mich, der wird nimmermehr sterben" (Joh. 11, 23 f).

117

„... *und starb*." Es läßt uns hier etwas unbefriedigt. Wir meinen, es müßte jetzt noch etwas kommen, das uns den Noah zum Abschluß im verklärten Lichte zeigt. Das letzte Bild, das wir von ihm sahen, war doch nicht gerade hinreißend schön. Aber gerade diese Tatsache wird auch wiederum zur Verheißung. Denn die Heilige Schrift will uns nicht zu Menschen führen, sondern zum Herrn Jesus. In dessen Bild sind keine Flecken. Noah ist vor uns hingetreten, nicht damit wir an ihn glauben, sondern damit wir durch ihn glauben lernen an den, der vom Gericht errettet, an

Jesus Christus.

ABCteam Band 18
Männer der Bibel unsere Zeitgenossen
Band 2: Bileam — Josaphat — Simson
144 Seiten, Paperback, DM 8,80

Jesus unser Schicksal
240 Seiten, kartoniert, DM 3,80
Jede dieser klaren christusbezogenen Ansprachen war zugleich Gespräch mit dem einzelnen, liebevolle, vollmächtige Seelsorge.

Plaudereien in meinem Studierzimmer
288 Seiten, Leinen, DM 13,80
W. Busch will nicht von sich reden, sondern von Menschen, denen er begegnet ist und die sein Leben stark beeindruckt haben.

Der Herr ist mein Licht und mein Heil
376 Seiten, kartoniert, DM 9,80
Andachten für jeden Tag des Kalenderjahres, lebendig, ohne Umschweife zur Sache kommend. Die Texte sind klar und kurz.

365 mal ER
376 Seiten, Leinen, DM 14,80
Ein evangelistisches Andachtsbuch für jeden Tag des Kalenderjahres.

Die Kirche am Markt
132 Seiten, kartoniert, DM 7,80
Kurzgeschichten der Bibel.

Elisa
Männer der Bibel — unsere Zeitgenossen
160 Seiten, kartoniert, DM 5,80
Der Verfasser will denen Anleitung und Hilfe geben, die zur Bibelarbeit gefordert sind und keine besondere Ausbildung für diesen Dienst erhalten haben.

Die belebte Straße

Entscheidende Begegnungen mit Jesus

100 Seiten, kartoniert, DM 6,80

Die vorliegenden Predigten zeichnen sich durch eine schlichte Sprache aus.

ABCteam Band 99

Spuren zum Kreuz

Christus im Alten Testament

128 Seiten, kartoniert, DM 8,80

Es geht dem Verfasser darum, dem Leser zu einem rechten Verständnis des Alten Testamentes zu verhelfen.

ABCteam Band 95

Gegenstände der Passion

Anschauungsunterricht über das Leiden Jesu

112 Seiten, kartoniert, DM 8,80

ABCteam Band 40

Die von Herzen dir nachwandeln

Gestalten des rheinisch-westfälischen Pietismus

148 Seiten, kartoniert, DM 8,80

Angefochtene Gottesknechte

In der Seelsorge Gottes

112 Seiten, kartoniert, DM 7,80

Ulrich Parzany

Im Einsatz für Jesus

Programm und Praxis des Pfarrers Wilhelm Busch

272 Seiten, kartoniert, DM 4,80

Der Verfasser stellt das Lebenswerk, das Wirken und Wollen des Jugendpfarrers Wilhelm Busch zur Diskussion. Ein informatives und ermutigendes Buch, voller Spannung und Aktualität.

Schriftenmissions-Verlag, Gladbeck